突破不可能

用特工思维提升领导力

[美]鲁帕尔·帕特尔（Rupal Patel）◎著

文思遥◎译

FROM CIA TO CEO

Unconventional Life Lessons For Thinking Bigger,
Leading Better And Being Bolder

中国科学技术出版社
·北京·

FROM CIA TO CEO: UNCONVENTIONAL LIFE LESSONS FOR THINKING BIGGER, LEADING BETTER AND BEING BOLDER by RUPAL PATEL, ISBN: 978-1-788-70661-2

Text copyright © RUPAL PATEL, 2022

Originally published in the English language in the UK by Heligo Books, an imprint of Bonnier Books UK Limited, London.

This edition arranged through BIG APPLE AGENCY, LABUAN, MALAYSIA.

Simplified Chinese edition copyright © 2024 by China Science and Technology Press Co., Ltd.

All rights reserved.

The moral rights of the Author have been asserted.

北京市版权局著作权合同登记 图字：01-2023-1393。

图书在版编目（CIP）数据

突破不可能：用特工思维提升领导力 /（美）鲁帕尔·帕特尔（Rupal Patel）著；文思遥译. -- 北京：中国科学技术出版社, 2024. 9. -- ISBN 978-7-5236-0926-2

Ⅰ. C933

中国国家版本馆 CIP 数据核字第 2024VL3713 号

策划编辑	何英娇　张　颋	责任编辑	孙倩倩
封面设计	仙境设计	版式设计	蚂蚁设计
责任校对	张晓莉	责任印制	李晓霖

出　　版	中国科学技术出版社
发　　行	中国科学技术出版社有限公司
地　　址	北京市海淀区中关村南大街 16 号
邮　　编	100081
发行电话	010-62173865
传　　真	010-62173081
网　　址	http://www.cspbooks.com.cn

开　　本	880mm×1230mm 1/32
字　　数	172 千字
印　　张	8.25
版　　次	2024 年 9 月第 1 版
印　　次	2024 年 9 月第 1 次印刷
印　　刷	北京盛通印刷股份有限公司
书　　号	ISBN 978-7-5236-0926-2/C·267
定　　价	69.00 元

献给我的一万雄兵

前言

我的案卷

我职业生涯近乎一半的时间都在美国中央情报局（以下简称"中情局"）度过。其间，我学到的最强大的一项技能就是敏锐地分析一切事物——包括我自己，并举一反三，以可行的方式组织复杂的信息。

在中情局的工作经历让我明白，即使是最简单的任务也会因为糟糕的计划、糟糕的分析、糟糕的支持或糟糕的执行而遭遇"滑铁卢"。即使后来离开了中情局，在我一切成功的背后，计划、分析、支持和执行也发挥了关键作用。我在为企业领袖和初创公司创始人提供咨询工作时便采用了这套分析方法。在本书中，我也将与你们分享我从中情局的从业经历中总结出的各种方法和策略。

接下来，我们将携手完成一些工作。你需要深入挖掘自己的身份和背景故事，以全新的方式分析和组织自己的生活和工作，并尽最大可能利用你现有的一切优势。我多年的中情局特工和首席执行官的经验将帮助你发现、尊重和释放你的内在动力，让你发光发热。

不过在我们开始谈论你之前，我想先说说自己的故事，以及我是如何取得了如今的成就的。

我出生于 20 世纪 80 年代的一个印度裔美国家庭，家庭幸福美满且非常重视教育。我的祖父是一位自学成才的梵文和英语学者，一生致力于帮助印度小村庄里的女孩接受教育，建造学校和图书馆，资助奖学金。我的父亲在孩提时代便开始操办图书交换服务，以便更多的农村学生能够获得上学所需的图书；后来他成为一名外科医生，学识渊博，坚持终身学习。我的母亲家中不乏工程师和医生，家族成员乐于挑战现状，她也追随了他们的脚步。从很多方面来说，我和兄弟姐妹都是典型的纽约人，父母都是移民，我们信奉个人进步的价值观，但也坚信个人要为集体进步做出贡献。家庭对我们寄予厚望，我们在学校刻苦学习，力求出类拔萃。在上一辈的教导下，我们的升学目标锁定在常春藤盟校，一条清晰的职业荣誉之路呈现在我们面前。

我们的父母不是所谓的"直升机父母"或"虎妈狼爸"，恰恰相反。他们给我们灌输了坚定的价值观，然后把选择权交到了我们自己手中。他们都是工作繁忙的医生，在子女的微观管理上有心无力。另外，我生活在一个大家族中，很难和所有成员都保持密切的联系：我有一个姐姐、一对双胞胎兄弟、祖父母、外祖父母，还有数不清的姑姑、叔伯、姨妈、舅舅和堂表兄弟姐妹（甚至还可以算上他们的朋友），他们和我们一起生活了很长一段时间。我们常常会开玩笑说，我们在斯塔滕岛（Staten Island）上的这栋小房子就是个迷你的斯塔滕岛，是数百印度移民的登陆地，他们由此开启了自己在美国的生活之旅。

　　成长是一个复杂的过程。我常常因为自己不是白人而感到尴尬（或者被迫产生这种尴尬），但我也为自己优秀的印度家庭感到骄傲。我是个"酷女孩儿"，热爱嘻哈和雷鬼音乐；但我同时又是个"书呆子"，在高中时学习成绩名列前茅。我极力反抗某些传统，但懂得珍惜自己所在的这个大家族。

　　我生活在那么多不同的世界中——身边有那么多的人——却不真正属于任何一个世界：我必须驾驭众多身份——维系众多人际关系——却没有一个完整地呈现出来；我面临了众多内部压力和外部压力，但只渴望达到平衡。经此种种，我发现自己创造了一种多面的生活——如果用文氏图❶来表示的话，我的生活便是众多集合的交集。生活千头万绪，这让我善于统筹安排，并找到了在原本不相关的事物之间建立关联的方法。

　　我也很幸运。父母没有对我提出过多的要求。他们为我们设定了很高的目标，但也给了我们一定的空间，让我们摸索自认为适合的方式去达成目标，还经常告诫我们不要忘了互相支持。对于我和许多移民家庭的孩子而言，想要不辜负父母的期望就意味着在做每一件事的时候都要考虑到这是否对得起父

---

❶　文氏图是一种集合表示法，对于其中任意两个集合，或者不相交，或者一个包含另一个。——编者注

母的牺牲、是否能为自己的人生履历增添璀璨的一笔。

是的，我的履历十分耀眼。我在上学期间一直是优等生，从名牌大学毕业，获得多个学位，暑假还会去国外做志愿者。我仍旧试图让自己的道路更加闪耀。我学习政治学，在国务院实习——在阿曼生活和工作期间，我第一次尝到了外交官和外派人员生活的滋味。我没有像别人期望的那样成为医生、律师或工程师。凭借对数据、分析、语言和复杂问题的热爱，我为自己规划了一条发展道路。收到中情局的录用通知时，我感觉找到了自己的归属。

我在中情局的日子可谓是如鱼得水。我一直处于风暴的中心——我们总喜欢开玩笑说中情局一直处于风口浪尖。周围都是了不起的人才——要不是因为中情局，我可能永远无法与这些优秀的人共事。我们致力于研究国际重要问题，揭开复杂信息的神秘面纱，生活和工作的环境异于常人。在几个月的训练之后，我开始执行一项项艰巨的任务——我在外勤工作中历经国家建设的重重危机，在关键的转折点战区部署中获得了丰厚的服役奖励和勋章，为来自世界各地的军事和情报官员出谋划策——那时我才二十几岁。

从字面意义上来说，我的工作充满吸引力。我生活和奔走的足迹遍布南美洲、南亚和欧洲；我曾在西方权力和决策的角力场中周旋；我曾为将军、政策制定者和总统们献策。我很享受这些工作，简直太有趣了。于我而言，中情局的工作既不是零乱琐碎的，也不是无拘无束的。我可以在这里做自己喜欢的工作，采用全新的思维方式和行动方式，这些都给我带来了深深的满足感和纯粹的快乐。

中情局对我进行了体能战斗培训（战术驾驶、步枪和手枪射击、对伤口进行分类处理、绑止血带）和精神"战斗"（对不同的假设进行分析、与外国联络员合作、跟难以相处的人打交道）培训。所有这些对我来说有着致命的吸引力，我内心的"书呆子"和"坏家伙"蠢蠢欲动。谍报技术武装了我——或者说播下了种子——使我在生活的各个方面培养了能力、融会贯通、举一反三，效果出奇的好。无论是过去还是现在，从最重要的因素考量，中情局特工都是我理想的职业，也是一块磨刀石，将我与生俱来的许多技能磨砺得越发纯熟。当然，在来到中情局之前我便头脑敏捷、意志坚忍，但中情局的工作无疑是锦上添花。

我很幸运，能与一些出色的领导者合作，他们对我提出了高标准和高期望，我也很高兴能达成他们的要求。

但是，即使在这样一个对我来说十分理想的环境中，我仍然听到内心有个声音在呼唤：永远不要安于现状，考验一下自己，看看自己还有什么能耐。

于是，我决定离开中情局。那10年的大部分时间里，我全身心地投入中情局的工作。后来，我选择在这段职业生涯达到高潮时急流勇退。我想，时机到了，是时候该去探索未知领域，寻求新的挑战和发挥自己全新的才能了。

于是，我来到向往已久的伦敦就读商学院。在那里，我开阔了自己的眼界，看到了私营部门、企业家精神和国际商业的广阔世界。

这是一个多么美好的新世界啊！

这也是一个不那么美好的新世界。

在这里，我学会了融会贯通，逐渐发现了自己在中情局所做的工作与企业经营和打赢商业战之间的相似之处。我从未想过要适应企业的模式，也不想浪费时间去尝试，于是我利用了自己在中情局学到的技能，把它们与我在读工商管理硕士（MBA）期间学到的技能整合起来，开始自己创业。在没有任何行业背景的情况下，我这个门外汉一头扎进了建设和扩大房地产投资和开发集团的挑战中。我是一名年轻的美国有色人种女性，在充斥着中年英国白人男性的商海中沉浮。做中情局特工的经验，读工商管理硕士期间学到的知识以及家庭教育赋予我的"一切皆有可能"的精神理念成了我取得成功的最大倚仗。不到 18 个月，公司开始赢利，几年后我和合伙人就可以舒舒服服地退休了。

但是 30 多岁就退休可不是我的作风。于是，我创办了一家咨询公司，为其他投资者和开发商提供咨询和培训，后来客户群体扩大到了各类领导者和企业家。

但我心中仍然有一种挥之不去的感觉：这些还远远不够。

所以这一次，我像一个优秀的中情局前分析员一样坐下来进行自我剖析，探究心中那个告诉我自己还有发展空间的声音——那个告诉我需要把目光放长远的声音。按迹循踪，顺藤摸瓜。我把自己当作自己的任务目标。我开始回望自己的人生旅程：高潮和低谷，最能体会到生命意义的时刻，陷入无聊和沮丧的虚无感的时刻。光阴似箭时我在做什么？度日如年时我又在做什么？当时我和谁在一起？我是如何思考的？我是如何行动的？我的心态如何？周围环境如何？

在这种自我定位的过程中，我发现了三大处事模式：第一，培养一门专业知识，用它来帮助头脑敏捷和渴望成长的人，这也是我一直以来提供的服务；第二，无论是通过书面形式还是与人面对面交流，我一直觉得自己有义务与他人分享自己的经验；第三，我一直觉得自己应当维护人际关系、建立新的人脉。这些模式让我自然地融入了中情局——在嘈杂的情报中找到"信号"，为决策者梳理复杂的情况，整合碎片化信息——但我该如何在中情局之外利用这些能力成就更大的事业呢？

我做了所有优秀特工都会做的事，开始寻找机遇。我找到了分享自己专业知识的方法——写作、演讲、理解和沟通。我开了博客，在活动上发言，组织沙龙（不是美发美容沙龙，而是 18 世纪的法国知识分子举办的那种）。后来我又以更专注的心态做了更多的事情。我的目标就是坚持探究如何在生活中遵循内心的召唤，将内心的冲动一一实现。

在这个过程中，我慢慢学会了放手。哪怕有不能做或不想做的事情也可以与自己和解。当然，我从未停止过成长和改变，但我不再因为他人对于我复杂身份的诘责而责怪自己，我学会了尊重自己，不再逼迫自己成为受到社会建构束缚、单一性的理想化人才。

最有趣的一点是，我发现在扬长避短的过程中，我的强项变得更突出了，而短处也没那么重要了。我可以用对自己而言有意义、可持续的方式调整、规划自己"应该"做的事情。

我在此和你分享我的过去，探究并尊重我的身份，是想借此邀请你一同剖析你的过去，探究并尊重你自己的身份，为你提供一个范例。接纳真实的自己不是懒惰的借口，也不是想要你美化自己的短处，而是启发你深挖自己的内在，积极开发出自己的最大潜力。努力发掘并接受那个最真实的自己，用自己的方式让人生变得光彩夺目。

这就是我们接下来要做的工作。

在第一部分中，我将用一个基本的中情局思维武装你的头脑：目光长远，打破不可能的观念。我们会清除你在人生旅途中堆积的精神和情感尘埃，带你深入了解自己的身份、习惯、节奏和环境，为你的生活、领导和成功打造新的范例。"目光长远"需要你和周围的人进行诚实的交谈，也需要你进行坦率的自我反省。这并不容易，但我会在你身边，给你加油打气，让你坚信"我能行"，激励你成功完成任务。

在第二部分中，我们将在"目光长远"的基础上，让你无论身处什么位置、去什么公司都能优化领导力。这意味着无论是在工作中、家庭中、人际关系中还是在自己身上都要学会"发号施令"，雷厉风行地践行自己的价值观，处理重要的事项，有效地处理焦虑、压力和意外（有时福祸相倚）。正如我在中情局学到的：领导力与头衔无关，而与技能和执行力有关。所以我会分享技巧，帮你建立自信，帮你勇于面对强权说真话；若你中了生活的糖衣炮弹，被分散了注意力，我会帮你重回正轨。

然后在第三部分中，我会教你如何在处理每件事时"敢想敢为"，你会迫不及待地想要突破固有的糟糕的行为模式，就像我离开中情局从零开始创业时有意识地做的那样。我将告诉你如何走出阴影，大放光彩，成为最好的自己，并利用战术性忽视让自己去往远超想象的远方。在最后一章，我会聊聊如何保持行动力。然后你就可以继续前进了，记得目光长远、优化领导、敢想敢为，专注于自己的使命。

我在本书中与你分享的工具和技巧适用于你职业生涯的每个阶段（以及你生活的几乎所有方面），但你必须身体力行，看看自己该怎样、何时以及在什么情况下运用它们。无论你处于什么位置，是知名的首席执行官、兼职创业者还是初入职场的专业人士，都要记得问自己："我还能在哪里使用这些工具和技巧呢？"

现在请系好安全带，准备高飞吧！

CONTENTS

目录

1 PART

**第一部分
目光长远**

第一章　深挖身份　　003
第二章　行动手册　　021
第三章　你的使命　　047
第四章　行动计划　　062
第一部分事后回顾　　082

2 PART

**第二部分
优化领导**

第五章　掌控一切　　085
第六章　战争游戏　　101
第七章　不畏强权　　117
第八章　任务出错　　138
第二部分事后回顾　　163

3 PART

**第三部分
敢想敢为**

第九章　走出暗处　　167
第十章　谍报技术　　192
第十一章　战术性忽视　　209
第十二章　不可动摇　　221
第三部分事后回顾　　236

总结：坚持行动　　237
结语　　247

第一部分
目光长远

| 第一章 | 深挖身份 |

案卷：接纳真实的自己

长久以来，别人给我强加了许多外在的身份标签。在童年时代，我的同学都觉得我是个"聪明的印度女孩"，哪怕我是地地道道的纽约人。在大学里，一些印度裔美国同学又给我贴上了"自甘堕落的棕色皮肤女孩"的标签，因为我交了"太多"黑人朋友。在参与战区部署期间，我是与众多军事家共事的"无军籍情报分析师"。在国外生活和旅行时，我常常因为自己的肤色和卷发而被别人弄错国籍，被错认成了以色列人、墨西哥人、哥伦比亚人、圭亚那人、波兰人、巴基斯坦人、多米尼加人、波多黎各人、巴西人和埃塞俄比亚人等。甚至有一次，我在纽约的一家酒吧里被错认成了当今最受瞩目的青年作家扎迪·史密斯（Zadie Smith）。我当时本该大喊"嘿！并不是所有棕色皮肤的人都长得一模一样"，但这种错认让我十分受用，一时忘了发作。人们热衷于猜测我的国籍，这件事有时很有趣，有时又让我感到困扰，而且每次在我表示自己是美国人之后，总会有人质疑并追问："你到底是哪国人？"

我的外貌似乎很有迷惑性。"你和一般的……不一样。""你和我们想象中的……不太一样。""你的背景很有趣（也许是想说我看起来'表里不一'吧）。"还有我最喜欢的一句："你胳膊上的肌肉练得真好，和普通女孩不一样。"

显然，我很难认同这些标签。这是一种尴尬的身份归类：人的身份很难被归类。（中情局能给我一种天然的归属感，因为在这里每个人各有千秋，又能和谐地融入整体。）

有很长一段时间，别人的困惑也成了我自己的困惑。有好几次——甚至很多次——我觉得自己像个怪胎。我怎么会兼具坚忍的精神、敏锐的情感、犀利的分析和创造的天赋？我怎么会在有些事上做法传统，在其他事上又意识超前？我怎么会身材健美、肌肉发达，却又做了漂亮的美甲、穿着精致的裙子？不过我渐渐意识到这些特征之间并不矛盾。我们只是受到了一些奇怪的隐性文化的影响，想要将复杂的人类个体粗暴地归入单一刻板的类别，可事实上每个人都有多面性。问题不在于我们被归错了类，而是从一开始这些类别就十分有限，过于狭隘。

所以不要掉入这个陷阱。如果没有必要，就不要强迫自己"给自己归类"。接纳你自己，从内到外接纳自身的"矛盾之处"和所有的一切，认同自己的身份。只要你品行端正，能够接受做自己的后果，那么你就不必把自己归为任何一类人，也不必强行忽略或淡化任何东西。

在本章中，我将告诉你如何尊重和深挖自己天生无法被归类的身份，改造你的生活和工作，最后帮助你释放"身份归类"带来的压力。

外勤特工必须对自己所伪装的各种身份深信不疑，这样他们才能潜伏生活，瞒天过海；而在本书中，我们将帮助你明确你的身份，从而过好自己的人生。我们将深入挖掘你的背景故事，使你精准定位适合自己的发展环境；我们将使用结构化技术来处理、筛选、委派你的待办事项（它们排满了日程，却无法充盈你的内心）；我们将深挖你的各种身份，这样你就可以选择合适的身份来解决手头的任务，我们还会建立个人档案来引导你重新规划自己的生活和工作。

对于这些方法，你也许闻所未闻，但希望你能像我初到中情局时一样放下疑虑，看看我的独家秘籍。请尝试将自己代入到本书的练习和思维技巧的讲解中吧。或用中情局上下奉行的准则来说，去探寻关于自己的真相吧，真相能让你获得自由。

我们开始吧。

背景故事

我们在生活中都有一些非常有启发性的典型问题和处事模式，但大多数人忙于做事，一心追梦，困于生计或是竞短争长，往往将其忽视了。因此下面的背景故事练习中的问题便十分重要。这些问题让我们停下脚步，细细思索，然后针对发生在我们身上的事情采取行动。

从某种程度上而言，我感觉自己从中情局特工转变为首席执行官的旅程尚未到达终点，为了弄清自己为什么会产生这种感受，我也问过自己同样的问题。如果你曾经也觉得自己有尚未完成或有待开始的事业，或者某些潜力有待发掘，那么深入研究自己的背景故事将为你在迷雾中照亮前路，激发你的能力，让你实实在在地拥抱生活。

也许你从来没有以结构化的方式思考过自己的背景故事，所以不要急于做这个练习。找一个安静的、不受干扰的地方吧，坐下来思考 60 到 90 分钟，在笔记本或日记中写下自己的答案。

背景故事练习

1. 到目前为止，你在职业生涯和个人生活中最满意的时刻是什么？请试着举几个不同的例子，以便反映你生活的不同方面。你当时在哪里？在做什么？和什么人在一起？当时的思维方式是怎样的？行动方式是怎样的？

2. 这些最令你满意的时刻有什么共同点？（都是团队合作，单兵作战，创造性的工作，或是帮助他人，诸如此类）

3. 为了获得更多满足感，在你**目前的**工作和生活中可以做出什么改变？为此有一些基本条件必不可少，你可以在工作和生活的方式和地点方面做出哪些切实的改变？

4. 你知道自己擅长什么吗？在别人眼里你擅长什么？你擅长使用哪些技能？你能如何利用这些技能谋生？倘若能在你擅长的事情、你喜欢做的事情、人们认可或愿意付钱让你做的事情和能给你带来积极影响的事情之间找到一个重叠区域，便能获得最大效益。

5. 到目前为止，你在职业生涯和个人生活中最沮丧的时刻是什么？同上，请举几个不同的例子。你当时在哪里？在做什么？和什么人在一起？当时的思维方式是怎样的？行动方式是怎样的？

6.这些最沮丧的时刻有什么共同点？（待办事项不够明确，单兵作战，有太多存在竞争关系的利益相关者，共事的人缺乏行动力，诸如此类）

7.目前你能做些什么来减轻或消除这些挫折感呢？

8.谁（导师、朋友、合伙人等）能够帮助你重新规划你的工作和生活，帮你提升满足感，减少受挫感？

9.什么（经济支持、托儿服务、外部监督等）能够帮助你重新开始书写最令你引以为豪的人生故事？

记住，回答这些问题只是一个开始。所以，坐下来思考吧。认真思考接下来如何行动。针对现状思考应该如何为人生做加减法。在生活和事业的不同阶段重做背景故事练习，定期更新答案。

运用背景故事：建立你的专属模型

我也做了上面的背景故事练习，从答案中可以看出，最让我有满足感的就是总结、分享专业知识，为那些可以从我的专业知识中受益的读者和观众写文章、做演讲，以及与思维敏捷、有行动力的人打交道。但我并没有立即放弃一切，开始全职做这些事情——做这个练习的目的并不是要你立即做出改变或盲目自信——但我确实开始寻找和创造方法来提升满足感，减少挫败感。

我能做到，你当然也可以。今后，你可以根据什么对你更有利来做决定，在日常生活中多做一些让自己产生满足感的事情，少做一些让自己沮丧的事情。不是要你脱胎换骨，只是做些加减法。

这并不容易，你需要清理空间，（好吧好吧，我的工作量已经超负荷了！）但是你可以通过 H-L-L-H 分析表和 3D 模型（我稍后会与你分享的）更有条理地做出选择，果断而准确地分析出哪些东西值得你投入精力和资源，哪些东西不值得。

我能理解你。身为首席执行官，无论何时你都可能被收件箱里的邮件淹没，如同陷入流沙般无助；需要在马上开始的董事会上发表见解；担心自己正在感冒的女儿；想知道公司是否能拿下某笔大订单；想要抽出 20 分钟完成一直被自己推迟了的锻炼；为自己又想上厕所了而懊恼（都怪刚刚喝的那口水，太浪费时间了）；调整你在即将到来的投资者大会上的发言要点，诸如此类。

身为一名初创公司的创始人，无论何时你都可能正在浏览数十个比价网站，在下周拜访供应商之前货比三家；等待浏览器加载下一集你最喜欢的电视节目，同时往嘴里塞着外卖；想知道你的联合创始人为什么不处理突然出现在你收件箱里的"烦人"的电子邮件；冲着慢得要命的网速发飙，明明你是冲着它的"高速"付费的，诸如此类。

身为刚换了新工作的行动力十足的职场精英，无论何时你都可能正在研究最近的营销活动；笨拙地摸索公司里奇怪的软件系统；被迫与同事和人力资源部门开会；为下周的校友聚会找场地；想知道自己的工作服是不是不合身，因为不断有人向你投来目光，但这可能只是因为你是个新面孔，可万一是其他原因呢，诸如此类。

天呐，手头有这么多事情要做，还有这么多事情要思考，所以我们很少有人能匀出多余的脑细胞来运用自己的背景故事或是发掘自己的潜力——甚至去思考这种潜力可能是什么，这有什么奇怪的吗？

虽然我要求你清理空间，多做些能激发你产生满足感的事情，但我清楚你可能很想说我站着说话不腰疼。接下来我会教你——年轻的见习特工——如何做到这一点。

首先，把你每天要做的大大小小的事情列一个清单，像这样：

吃早餐

出行准备

通勤

和线人会面

起草情报

反监听

接孩子

体能训练

交水电费

做晚餐

看电视

睡觉（同时保持警惕）

集中注意力，像所有优秀的分析师那样追踪自己所有的行程和行踪，不管花多久时间，你都要列出所有要做的事情，然后分别放进 H–L–L–H[1] 分析表（表 1–1）中：

表 1–1　H–L–L–H 分析表

	高价值	低价值
喜欢做		
讨厌做		

你在每个格子里填入的内容都会有一部分偏感性，有一部分偏理性，而且完全是主观的（你是在分析自己，而不是别人）。高价值活动通常会给你带来幸福感，可以让你改善生活，自我提升，发展事业，职场晋升，有助于你完成任务，以及任何在你能力范围之内的事情。低价值活动通常指对个人幸福、提升、成长或进步无法产生显著影响，同时又必须做的事情，但不一定非要亲自完成。当然，你喜欢和讨厌的活动也是如此。

让我们将示例清单中的一些项目放入 H–L–L–H 分析表中，如表 1–2 所示：

---

[1]　H–L–L–H 是指 H（High，高）–L（Low，低）–L（Like，喜欢）–H（Hate，讨厌）。——编者注

表 1-2　H-L-L-H 分析表示例

	高价值	低价值
喜欢做	起草情报 睡觉	出行准备 看电视
讨厌做	和线人会面 体能训练	通勤 交水电费

下一步是建立 3D 模型——**处理**（你需要完成的事情），**筛选**（你可以放弃的事情），**委派**（你交给别人的事情）。

同时属于"喜欢做"和"高价值"的事情都是你需要**处理**的，你应该尽可能多地投入时间、精力和金钱，竭尽全力精益求精（是的，你的睡眠质量甚至也会更好）。

同时属于"喜欢做"和"低价值"的事情也需要**处理**。我们不是机器人，哪怕仅仅是为了娱乐、放松或偷懒，做这些事也很有意义，不过也许可以减少你在这些事上投入的时间、精力和金钱，除非你的时间、精力和金钱都很充足，并且能够承担得起将这些（本应属于）高价值行为的宝贵资源分配给低价值行为所付出的代价。

对于同时属于"讨厌做"和"高价值"的事情，你可以把它们替换成其他同等的高价值、你享受的和你喜欢做的事（例如，把体能训练换成另一种不会让你过于劳累的锻炼形式），或是把这些事情**委派**给他人去做。现在，有时你不得不继续做自己讨厌的高价值的事情——生活不总是一帆风顺——但通过替换或委派这个格子里的一些事项，你就可以留出更多的时间和精力去处理必须自己完成的事情。

同时属于"讨厌做"和"低价值"的事情都可以**委派**给他人，倘若找不到其他方法的话，可以在做这件事的同时做其他事情（例如在通勤时锻炼臀部肌肉，在交水电费时模拟打靶练习）来获得更高的价值。不用费脑子，不必投入感情。

好了，我知道了，有些事可能永远不会出现在你的待办事项清单上，所以下面我会举一些更贴合实际的例子，告诉你如何在生活中运用 3D 模型：

▶ 按自己的方式**处理**事项

如果你的老板每天一大早就让你压力很大、心烦意乱，那就把工作开始的时间往后推几个小时吧。如果跑步不是你最喜欢的锻炼方式，可以试着在每次接电话时踱步，看看步数会增加多少。如果早上 5 点起床对你来说难如登天，那就改成早上 7 点起床吧。或者工作日早上 5 点，周末 9 点。生活并不是非要满打满算的。我的一位首席执行官客户把早上的团队会议从上午 9 点改到了上午 10 点，这样她就可以避开繁忙的通勤时间，也化解了她（以及团队）在工作日清晨的压力。于我而言，我觉得运动本身很无聊，但我喜欢健美的身材和强壮的体格，所以我每天都做俯卧撑和引体向上，走很多路，此外还参加芭蕾、普拉提和障碍训练课，丰富的项目让运动变得有趣了。我也喜欢天不亮就起床，但家中有一个蹒跚学步的孩子和一个小婴儿，这就意味着我在晚上的安排和睡眠时间永远无法预测。所以我选择顺其自然：有时候我在给小女儿喂奶后凌晨 4 点就起床了，有时候大女儿早上 7 点醒了我才起床。睡眠很重要，所以我根据实际情况调整了我的期望：孩子们睡着我就睡着，有孩子醒了我就起床。不必满打满算，随遇而安就好。

▶ **筛掉**那些你讨厌做的或对你的工作或生活没有什么价值的事情

如果你讨厌"当面交谈"的办公室文化，那么就不要仅仅因为这是你所在行业的惯例而强制你的团队执行它。如果你讨厌商业社交活动，发现自己需要喝杯酒或是跑到洗手间来躲避谈话，那就不必参加这种活动了，不如找其他方法获取信息或培养人脉。如果在你的生活中有人像个无底洞一样吸取你的精神能量，那就不要再和他们待在一起了。我的许多高管客户在与我的合作中意识到，他们可以放弃传统的工作方式——每日会议、每周五个工作日、固定的工作时间——而不会影响业绩。我那些性格内向的客户常常在与我的合作中发现，他们可以通过播客和书籍获得相关的行业知识，并通过线上会议进行社交，而不必参加线下活动。我的亲身经历证明，我可以减少（或至少限制）与那些榨干我的人在一起的时间，减少与他们一起做的事情，这样我也可以更尊重他们（后面会展开讨论这个话题）。还是那句话，不是非要满打满算。

▶ 将一件你一直在拖延但必须完成的工作或生活事项**委派**他人

如果你把和供应商的棘手谈话一推再推，不如让其他创始人与其谈话；如果与宽带供应商再次进行交涉让你感到不安，那就雇一个助手来为你做这些脏活累活；如果你不擅长制

作演示文稿，就把演示文稿放在语音笔记中，然后去 Fiverr[1]
上找一个图形设计师为你制作演示文稿。委派意味着任务可以
交由其他人完成，而且往往会比你总揽全责完成得更好。就我
个人而言，我做过的最正确的一个决定就是雇了一个私人助理
负责客户服务工作，还有一个虚拟助理负责大部分的技术管理
工作。我没有耐心，没有兴趣，也没有余力，但我需要完成这
些事情，我的助理们是能为我完成这些事情的大英雄。哦，对
了！委派工作不会花很多钱，我在第四章设计了释放资金的练
习，这样你就不必亲自完成所有琐碎的事项了。

就算有 H-L-L-H 分析表的帮助，处理、筛选和委派也无
法让一切变得完美，也无法让你在一夜之间大获成功。但是，
在深思熟虑后采取措施来改变生活和工作方式，效果会与日俱
增，很快你就会发现，你已经构建出了一种更好的生活，而不
是每天都为自己的不切实际进行自我惩罚。

这些小小的改变可以释放出的时间、精力和内在潜力会
让你大吃一惊。所有脑力都可以集中用来做你关心和重视的事
情，完成你的使命。

任务完成，清理完毕。

---

[1] Fiverr 成立于 2011 年，是一家全球性任务众包平台，人们在其平台
上可以购买和出售几乎任何类型的数字化零工服务，如网页开发、
标识设计、动画配音等。——译者注

上级指令

　　一旦你开始这样处理、筛选和委派自己的待办事项，清理掉生活中的喧嚣和一地鸡毛，学会接纳真实的自己，你会发现委派给他人与放弃很容易混为一谈。我有过这种体会。我所有的客户乃至几乎所有与我共事过的领导者都有过这种体会。人们极易掉入这个陷阱，我现在加以提醒，这样你就能避开它了。我来强调一次：放手去做，委派不是放弃。二者不能混为一谈。放手去做吧！

　　从你的一堆任务中拿出一件委派给其他人，你会感到轻松和短暂的愉悦，可能会误以为自己再也不用为这项任务而烦恼了。不是这样的。因为委派只代表他人现在应该处理这项任务，并不意味着这项任务真的会得到处理。即使你不必亲自动手，也需要确认这项任务是否真的完成了。或者用我们中情局的话说：可以信任，但需要验证。

多重身份

　　既然我们已经学会了尊重自己真实的身份，你也有了更多的时间、精力和脑力来做更多能让你产生满足感的事，接下来该开始探索如何利用你的多重身份了。在不同的情境下，特工会因不同的目的而使用各种各样的伪装身份和假名，这也是你可以利用的强大工具。这不是造假，也不是撒谎；每个人都是多面人，在不同的环境中，我们的多重身份会相应地发挥作用或隐藏起来。诀窍就在于**根据任务选择合适的身份**，然后深挖身份背后的潜力。

就让我们以你的**成功身份**为例吧。回顾自己在工作中表现出色的时刻，你做过的出色的演讲，你毫不畏惧地进行过的艰难谈判，你最势不可当的时刻。你当时穿了什么衣服？在做什么？和谁在一起？有什么感觉？你的哪些性格特征被激活了？哪些新技能可以帮助这个身份更频繁地出现？哪些习惯或服装更容易让你进入成功身份？（你是否在对这些问题的回答中看到了自己的背景故事？我告诉过你的，典型问题和处事模式都在其中！）

顶尖运动员、舞台演员、企业高管和各行各业的优秀人士都通过可视化、充满活力的音乐、冥想、呼吸技巧和体育锻炼等工具来塑造自己的成功身份。所以，在进行自我研究时就要开始确定你如何进入最适合的身份——为人父母、商业谈判、处理棘手状况、在观众面前演讲等。

另外，你可以用那些讨厌的身份做截然不同的事情。削弱它们的存在感，在被彻底控制住之前切换身份，将其剥离。你是不是有一个"脾气暴躁"的标签，这让你在工作中停滞不前，或者这会破坏你的家庭关系？一旦你察觉到这重身份在你体内蠢蠢欲动，就立马把它按住。在重要的谈话中，"说一不二"的老毛病又突然冒了出来？赶紧揍它一顿，让它在地板上动弹不得。（我将在第三章中分享一些关于如何"**调整负面行为**"的技巧，但现在，你只要接受每个身份就好。）

你还可以根据不同的目的调整身份。如果你是一名出色的跑步运动员，想想自己在最近的比赛中取得的成功，打破个人最好成绩的次数，通过训练提升的肌肉张力和力量，花几分钟回想你在田径场上的胜利，重温你打破纪录时的感觉。如果你需要在新的领域扮演成功人士（比如在工作中，需要在一个重要的会议上发言），田径场上势如破竹的成功身份会给你加油打气。跑步运动员这个身份是你本人的一部分，所以脱掉运动鞋时也不要丢掉它，将其融入你生活的方方面面。

如果你是一名出色的谈判专家，总是能让客户如愿以偿，那就记住你从他们那里获得的赞誉，记住你谈判时的轻松和优雅，下次你与配偶或朋友进行艰难的对话时不要再百依百顺了，拿出你自信的一面。谈判专家这个身份是你本人的一部分，所以离开办公室的时候也不要丢掉它，将其融入你生活的方方面面（但不要在生活中使用职场用语）。

如果你惯于深思熟虑，在形成观点并将其分享之前会花时间从各个角度思考和理解问题，那么就把这种深思熟虑的思维方法带到董事会上，不要妄想用大吵大嚷赢得支持。深思熟虑的身份标签是你本人的一部分，所以当你进入一个人人针锋相对的房间时，不要丢掉它，将其融入你生活的方方面面。

你所有的身份拼凑出了完整的你，利用好这一点。只要你需要，随时切换自己多重的身份，无论走到哪里都不要丢掉它们，可以根据眼前的任务适当强化或弱化某些身份。

个人档案

最后，如果没有留存个人档案，任何关于身份和身份标签的讨论都是不完整的。中情局特工会为他们的任务目标建立详细的个人档案——他们在意什么，他们的行为动机是什么，他们的弱点是什么，他们的心理结构是怎样的，他们的性格是怎样的。你可能在工作或生活中遇到过一些专业的个人测评系统，如迈尔斯-布里格斯类型诊断量表（MBTI）职业性格测试、优势识别器和爱的五种语言测试等。

使用个人测评系统进行自测的好处在于，它们可以帮当局者迷的你从自身找到明确的典型问题和处事模式，所以为什么不挨个试一遍，并尽可能具体地创建任务目标为自己的个人档案呢？虽然没有人可以被简单地归入某一种类别，但每次个人测评都会揭示或确认你真实自我的某一方面，你会发现一些模式，这些模式可能会启发或改善你的生活和领导方式。你甚至会感到测试结果为你指明了方向。

例如，从爱的五种语言测试中，我发现优质时间是我的"爱的语言"。当然，我利用这个测试改善了与爱人的关系，同时也将其应用到我的工作中。我讨厌打电话，查看语音邮件让我压力很大，随时待命会打断工作、独处或与爱人相处的优质时间。因此，我订阅了一个电话应答服务，它可以接听我所有的工作电话。我还更改了自己的手机语音信箱问候语，希望打电话的人不要留言，因为我不会检查语音信箱；如果他们想联系我，可以给我发短信或电子邮件。（我的一位创始人客户采纳了我对语音信箱的停用意见，她告诉我，很多人对她说他们很尊重她的做法，而且也在考虑停用自己的语音信箱。如果我们的做法可以启发和鼓励其他人也这样做，我们身边的人都能保持一致，那生活该是多么美妙啊！）

这虽然只是一件小事，但不打电话或不使用语音信箱的确让我少了很多烦恼，我可以只专注应对自己必须或想要接通的电话。如果我没有仔细研究自己从爱的五种语言测试中得到的结果，我就永远不会做出这些改变，也不会知道它们会发挥积极作用。

在为自己建立个人档案时，试着用所有的测试结果来剖析自己的每个方面。毕竟，无论你走到哪里，无论你的任务是什么，你的身份和背景——你是谁，你喜欢什么，你在哪个领域奋斗，所有的处事模式——都如影随形。

上级指令

在阅读第二章之前，请花点时间停下来复习一下。你一定要重视自己，愿意把时间花在自己身上，所以不要嘻嘻哈哈地随手翻完这本书后便不了了之。留出时间做做练习，创造良好的阅读环境，让自己能够静下心来思考。阅读本书的好时机可能是现在，也可能是你今晚睡前的 20 分钟。但无论你做什么，都不要被动地接受这些内容。你要积极地参与。这是指令。

关键情报

- 人是复杂的，但并不矛盾。接纳真实的自己。

- 追踪自己的背景故事，确定其中出现的典型问题和处事模式，这样你就可以开始重新创造 / 脱离你所处的最佳 / 最差状态的环境。

- 使用 H–L–L–H 分析表来定期回顾你正在做的事情，并确定要处理什么、筛选什么和委派什么，这样你就能更容易地经常在最佳状态下行事。

- 找出适应或调整日常活动和职责的方法，以增强自己的优势。尽可能多地摒弃低价值和消耗过多能量的活动。

- 发展你的各种身份，并为手头的任务选择正确的身份。根据情境需求放大或削弱性格的各个方面。

- 利用好各种个人测评系统，将从中获得的结果应用到你生活的各个方面；你不是一个单调枯燥的人。

第二章 | 行动手册

案卷：出场方式

我在战区的主要职责是与世界各地的军事单位联络。我与形形色色的军人打交道，上至四星上将，下至年轻的"大兵"——他们都是男性。我知道自己的性别在这里可能会被视为弱点或负担，所以我总是尽可能表现得强势：我站姿笔直，谈吐坚定，对话时直视对方的眼睛，总是做好充分的准备，这样就没有人会质疑我的能力或质问我凭什么在这里工作。我和人握手时干脆利落，别人总是会注意到这一点，并对此交口称赞。战区的每个男士都会说起这件事，几乎无一例外——"不错的握手礼"，他们说这话时总是眉毛上挑，脸上写满了惊讶。他们事先都没想到看似娇小的我手劲儿居然这么大，让他们明显感到了压迫感——与我共事的每位男士都会对我表现出尊重，无论是出于个人情感还是职业角度。

那么，别人对我的尊重都是由握手产生的吗？一半一半吧。不全然是，因为我做的所有其他工作都塑造出了一种自信可靠的整体形象，传达出我这个人值得尊重的信号。但也有一定关系，握手确实很重要，因为它也是我给别人留下的第一印象中的一部分。第一印象的影响非常深远，难以逆转。

如果我握手时绵软无力（或是在汇报时低声细语，在会议中畏畏缩缩），别人就容易产生确认偏差，我就要花更多时间赢得他们对我的信任。在别人对我们形成了初步印象后，他们会倾向于只看到那些能证实这种印象的东西，所以仅仅是一次无力的握手（或低声说话、站在角落）就会给人留下软弱的印象，而这种软弱的印象会破坏此后的所有人际交往。但因为我一开始就表现得十分强势——有力的握手、洪亮的声音、不容忽视的存在感——在战区和我一起工作的同事便会通过这种强势的第一印象来看待我日后的行为举止。对象相同、工作内容相同，但出场方式不同，结果便不同。

因此，不要忽视细节。你的着装、说话方式、站立方式，以及举止和外表，这一切都在向外传递出你是谁以及他人将如何与你相处的信号。在本章中，我们将致力于让你的内在形象与外在形象相匹配，使你变得势不可当。

在执行秘密行动时，中情局的官员要遵循行动手册，手册中列出了他们执行计划的参数和规则。身处战区的每位特工还需要培养敏锐的情境意识（SA），以确保他们不会因为忽视周围的情况而被打个措手不及（或被俘）。重要的是，你要创建自己的行动手册来指导自己在工作和家庭中的日常行动，培养情境意识，以此提升行动成功的概率。实际上，这意味着你开始深入挖掘自我，审视自己如何行动，以及你会在何时何地以何种方式发挥出最佳水平。然后结合自己工作和生活的现实情况，尽可能地适应和调整你的行动计划。

在设计专属行动手册这一过程中，你将学习如何绘制自己的个人能量图，增强情境意识，让外部环境补充和强化你的内部行为运行机制，有选择地、有意识地利用机会窗口，学会隐蔽——这些会对你的出场方式产生巨大的影响。

行动方式：你的个人能量图

我讨厌周一。这话你可能已经听腻了，没错，但我对工作周第一天的习惯性厌恶已经深入骨髓了（如果你们有人看过《上班一条虫》这个电影的话，"看起来有人得了周一病啊"这句台词完美地描述出了我们在周一来临前的低落和绝望，但可怜的周一又做错了什么呢）。即使是在中情局工作时——那时我每天都很期待在黎明起床，以便在早上 7 点前到达总部——每到周日我便会提前开始沮丧，因为马上就要到周一了。

所以，开始创业之后，我做的第一件事就是取消周一的工作。我睡到自然醒（我以前从未在早上 8 点之后起床，这让我十分震惊），偶尔会做工作，不会执着于完成太多事情。起初，我觉得自己懒惰、放纵、堕落，后来终于意识到——这也太棒了！——为自己工作的最大好处就是我可以安排自己的行程，自己制定规则。我能接受在周六和周日工作，所以取消周一的工作无关紧要——事实上，这种工作制十分自由。

不过说实话，我从没完全取消过周一的工作。我无法完全摆脱自己的内疚情结（也可能是移民家庭背景带给我的职业道德……不管是什么，这种情结都影响着我），所以我给周一重新下了定义——按照自己的需求重新定义周一。我说服自己降低对于周一的期望，把它视为这周剩余时间的预热。无论在过去还是现在，这在实际生活中都意味着我会尽量不在周一安排需要耗费大量精力的事项——诸如电话、会议、活动、演讲或写电子邮件——除非我真的必须这样做。如果不得不做，那么我在周一也只做一件非常重要且需要耗费大量精力的事——只要完成这一件事就能收工了。

不是每个人都可以取消自己周一（或是周五，或是下午 3点之后，或是其他任何时段）的工作安排，这是真的。但是，即使你还没有自己当老板，你仍然可以想办法修改自己的日程表，根据你的个人能量图（个能图）调整自己的活动。把你的个能图想象成一张典型的周度、季度、年度的精力和心理状态图。

绘制个能图需要思考和分析（就像前面你以中情局分析师的角色做过的很多工作一样），从调整自己开始，思考你的一般处事模式：

▶ 在一周中，你什么时候最有创造力？

▶ 什么时候效率最高？

▶ 什么时候注重细节？

▶ 什么时候讨厌关注细枝末节？

▶ 什么时候精力充沛？

▶ 什么时候需要休息？

▶ 你在哪天或一天中的哪个时段喜欢与他人交流？

▶ 你在哪天或一天中的哪个时段极度渴望独处？

▶ 对于不同类型的活动，你付出的精力是否会出现月度或季度性变化？

▶ 在不同的月份或季节，你会不会自然而然地专注于某些活动？

无论你是否有意识地调整这些处事模式，它们都在那里，要么起积极作用，要么起消极作用。所以你需要注意自己独特的处事模式，掌握自己内在的行事规律。

所有女性读者请注意，你的个能图也需要根据经期进行调整，因为经期的不同阶段决定了你在此时最适合进行什么活动——创造类活动、战略类活动、细节类活动、社交类活动，甚至机密行动！（一般来说，当雌激素偏高时，可以考虑做些外向型任务，而当孕激素偏高时，则可以考虑做些内向型任务）。我们的激素是一种天赋，可以加以利用，将其融入我们的个能图中。

上级指令

你的能量峰值、低谷和季节性变化可能看起来与你从出生起就被强迫接受的生活和工作模式非常不同，也与其他人的模式非常不同。和这世上的其他人不一样、不同步没什么大不了。别担心。了解自己的个能图，你会找到方法来调整生活中的众多活动和日程安排，使其更符合自己的习惯。个能图会随着时间的推移发生改变，所以你要随时关注个能图的变化，随之改变自己的生活。

我每天的个能图：

那么，按照个能图进行实际工作是什么样呢？目前我的个能图大概是这样的：

黄金时段（我最富有创造力、精力最充沛的时候）：早上4点到早上8点（只要我有7个小时左右的睡眠）——这段时间专门用于写作和创作。

偷懒：早上8点到上午10点。

就餐时间：每隔三四个小时。

留出一些属于自己的时间：上午11点（即使只是喝一杯热饮和吃一点零食）。

持续40～90分钟的生产力波动：上午10点到下午4点。

精神放松：下午4点到下午6点。

回归家庭：下午 5 点到晚上 7 点。

疲惫（有时易怒）：晚上 7 点后。

我每周的个能图：

周一

取消日程安排——如上文所述，特殊情况除外。

周二、周四

我与他人交往的精力最为充足，所以我会在这两天开展采访、演讲、业务开发和营销活动。

周三

我常常把周三当作"烦人的管理日"，在这天处理那些我在其他日子里无法忍受的管理事务和电子邮件。

周五

在这天，我帮助他人的精力最为旺盛，所以我会把周五留给高管客户，用来打理我的播客《企业家会议室》（*Entreprenora Boardroom*），打咨询电话，主持研讨会。在这天我的情绪也最为活跃，非常适合和我爱的人进行深入交流。

周六

因为一周的工作还没结束，所以周六早上我会给自己安排一些轻松愉快的工作（写作）。

周日

一周中的"冷静时间"和"偷懒时间"。我通常也会沉迷于自己想做的事情：长时间阅读（假设孩子们不打扰我的话），早上做一顿华夫饼大餐，和丈夫还有女儿们共度美好时光。

我的月度 / 季度个能图：

9 月到 11 月

在这段时间，我的精力无比充沛 [我身体里那个热爱上学的丽莎·辛普森❶（Lisa Simpson）苏醒了]，所以我在这段时间会做好所有的计划，进行长远规划，参加大量的公开活动，写作。

12 月

这个月相当于"周一"，所以我会计划少做需要消耗大量精力或导致精神紧绷的事情，除非我自己愿意。我的生日也在这个月，所以又多了一个理由（借口）无所事事。

1 月到 2 月

在这段时间，为了迎接新的一年，我会制订长远规划和战略，调整目标，培训团队，尽可能地争取各方面的支持，并根据我的个能图做出调整（如果需要的话）。

3 月到 6 月

活力满满的 3 个月，在此期间，我会坚持执行重大计划，专注于与他人交际。

7 月到 8 月

与家人共度美好时光，在 9 月的用脑高峰期到来之前放松

❶ 丽莎·辛普森（Lisa Simpson），是动画片《辛普森一家》中的人物。——译者注

一下。

不过根据个能图安排待办事项没办法做到尽善尽美。我的个能图总是与现实、别人的期望（和他们的个能图），以及作为首席执行官、母亲、顾问、导师、演说家和作家的日常生活所需要的时间、精力和资源相冲突。我们都身兼数职，总有其他利益相关者想要插手调整我们的个能图。这就是生活。但关键是要明确界限，区分哪些是可以灵活改变的，哪些是必须保持不变的。

例如，如果健身是你的首要任务，你就需要在固定时间去健身房，没有商量的余地，其余的日常活动就可以避开这个固定的事项灵活安排。如果你在工作中常常成为别人求助的对象，但你想把更多的时间花在志愿服务的慈善事业上，那么你可以把与工作相关的业余活动的时间固定下来，将剩下的空闲时间灵活地投入到志愿服务中。如果在家工作的时候，你总是因没有花更多的时间陪伴孩子而感到内疚，那么你可以定一个固定时间百分之百地专注于陪伴孩子，在这段时间不必处理多项任务（比如晚上 6 点到晚上 8 点），然后你的其他活动就可以围绕这个时间灵活安排。

另一个关键点是不要满打满算。你的个能图永远不可能百分之百地帮你做出决定，但了解它会让你在走弯路后重归正轨。它将展现你自然的、最佳的绩效周期的参数，就算你无法在这种理想的状态下工作，也可以有意识地进行自我调整。该框架将指导你如何更有创造性地、更深入地思考如何拆分工作，并在做事时更加注重个能图的导向性作用。

例如，如果你很难早起，但你的工作又需要你在天不亮时就起床（就像我曾经那样），那么你可以试着把重要的会议或电话推到当天晚些时候。你可以让助手分担早上的工作，这样你就不会在为新的一天预热的时候被打扰了。你可以在早上尽量减少脑力劳动。

如果你的大脑随着冬天的到来而开始冬眠，但你所在的行业在这个时期的销售和活动都在攀升（大多数零售企业在11月或12月都会十分忙碌），那么你可能会在短时间内与其他团队成员分担工作。你可以暂时雇一些帮手来释放自己的能量。可以给自己加油打气，鼓励自己"坚持到底"，并在你坚持下来的时候奖励自己。你可以一周工作三天，然后休息两天，或者一天工作三个小时，然后收工。

如果你在每个月的第一周最有创造力，而这周正是老板要求你提交月度总结的那周，你可以问问老板是否允许你在第二周提交。（老板真的介意提交时间吗？与其暗自揣测，不妨先问问老板的意见）在第一周，你可以每天将一半时间用于创造性工作，另一半时间用于写总结。你可以让团队中的其他人帮助你（或许作为交换，你也可以根据他们的个能图协助他们工作）。你可以每天留出几个小时用于创造性工作；或者可以在周三之前写好总结，这样周四和周五就有两天的时间可用于创造性工作了。

日子不是非要满打满算。寻找创造性的解决方案，无论大小。一些简单的事情就可以让你精神百倍。比如我在晚上7点后进行线上演讲或主持活动，如果感到疲惫和烦躁，我就会站起来，这个动作会让我重新充满活力。动作虽小，但作用巨大。

让我们面对现实吧，这个世界可没什么怜悯心，不会降低生活的难度，也不会按照我们的计划（或个能图）做出让步。但我们也不应该向世界妥协。我们都可以做出或大或小的调整，至少可以减少一些摩擦。尽可能按照个能图工作，无法按照个能图工作时就要灵活处理了。

上级指令

你会听到我一遍又一遍地重复这句话，但我希望你照做。你的个能图是最强大的工具之一，可以帮你在生活中理性思考、保持逻辑清晰，但只有你花时间回答我上面和你分享的问题，奇迹才会发生。把你的个能图写在日记本或笔记本上，在你的生活中应用它。

你的个能图是行动手册的基础，所以现在你已经了解了个能图，让我们更进一步，确保你所具备的重要身份特性不会成为你日常工作的牺牲品。

黄金时段和取悦自己

对于生产力而言，黄金时段经常被定义为完成工作的最佳时机。这是你一天（或一周、一个月、一个季度或一年）中最重要的一段时间，在此期间，你的精力在燃烧，活力十足，势不可当。热度可能会持续 40 分钟、4 小时或 4 个月，我们通常被告知要利用这段时间来超负荷工作。但生产力往往是我们需要遵从的，而不是由我们决定的（即使身为首席执行官，也要被投资者、股东、董事会成员和家庭成员所左右）。如果把黄金时段比作一架喷气飞机，别人在替我们驾驶飞机，而我们却在浪费自己最宝贵的时间追赶别人的日程表，没有什么会比这更加消耗这架飞机的动力和能量了。但正因为别人的期望和要求是不可避免的，所以没有必要让这些事占据我们的黄金时段。

因此，在考虑传统意义上的工作效率之前，为什么不先取悦自己呢？为什么不在面对外界的纷纷扰扰之前，在你的黄金时段里，做你喜欢做的事、在意的事，做那些可以在心理上、智力上、精神上或身体上为你提供能量的事呢？为什么不能在集中精力处理最麻烦的工作之前，把自己视为一个充满激情、拥有身体、思想和精神完整的个体，重新考虑该怎样做才更有工作效率呢？

对我来说，重新思考工作效率意味着在我打开电子邮件或做任何其他事情之前，利用和保护我的黄金时段进行创造性工作。但是，事实证明有时会有其他紧迫的任务需要在这段宝贵的时间内解决，如果不立即解决它们，一直拖延会把我拖出心脏病。

例如，作为多家企业的负责人，有时我需要履行老板的职责，做一些资金管理和会计工作。但是，天啊，我真的不想回顾每月的损益表。我只花了大约 30 分钟的时间来浏览它们，但一想到要处理这些表格就会占用好几天的精神和情感空间。因此，我需要不时地破坏自己的"内部操作系统"，让审查损益表这个待办事项占据我的黄金时段，每月一次。在那些日子里，先取悦自己实际上意味着先审查损益表。因为一旦把它们解决掉，我就少了一个巨大的负担，然后我就可以尽情享受上午的剩余时间了。

　　你的生活和工作中一定也有和审查损益表一样的待办事项，无论是什么，如果你安排一个固定的时间来处理它，这事便不会那么费力劳神了。比如说，与其浪费精力去思考什么时候能抽出时间去做这件事，不如把处理时间定在每周二的早上 6 点到 6 点半，诸如此类。或是每周一、周三和周五的上午 10 点到 11 点去健身房。或是在每个月的第一天打拓展业务的电话，诸如此类。决策疲劳是真实存在的，因此，可以将反复出现的任务放在一个整洁的小型日程表中，减少在这些任务中的脑力消耗，节省宝贵的脑力和精力。

不是非要满打满算。（这话我已经说了好几遍了，对吧？）但大多数时候我们可以保护自己的黄金时段，确保我们在大多数黄金时段都能先做让自己心情愉悦的事情。

我有一位客户是一家大型科技公司的中层管理者，保护黄金时段意味着在大多数日子里，他会先花 30 分钟弹钢琴，然后再打开笔记本电脑工作（这样可以振奋精神，但在公司的制度要求下已经放弃了）。

我之前邀请一位连续创业者兼首席执行官做我播客的节目嘉宾，对她而言，保护黄金时段意味着在早上抽出 20 分钟遛狗或做一些温和的呼吸练习（这些活动可以让她飞速运转的大脑冷静下来，但不符合传统的工作效率标准），然后用剩余的黄金时段完成战略性工作。

对于一个从会计师转行做投资者，从投资者转行做教练，又从教练转行做农场主的企业家来说，保护黄金时段意味着在大多数日子里玩一会儿电子游戏（这是可以让她充满创意和保持竞争活力的快乐源泉，但玩游戏看起来根本不像"正经的"工作），然后开始面对身心俱疲的一天。

保护我们的黄金时段，首先要取悦自己，这非常重要，因为我们的生活方式就是我们对待人生的态度。所以，在我们开始为了谋生而工作之前，我们应该先做一些提升生活价值的事情。我们应该读书，玩游戏，追求兴趣爱好，每完成一项就在待办清单上打一个钩，而不是寄希望于有一天能够实现这些愿望。当我们这样做的时候，当我们以大大小小的方式把更多我们热爱的东西融入日常生活的时候，我们会发现，原以为遥不可及的未来就能慢慢变成现实——而且还会带来额外的收获！——我们会有更多的耐心和精力去做我们必须做、需要做或应该做的事情。

所以不要舍弃你在意的东西。不要放弃自己的乐趣。不要忽视你身份的多面性。当首席芭蕾舞演员、钢琴家、作家、游戏玩家（或做其他你喜欢做的事情），并没有办法让你收入丰厚，但你可以先让自己身心愉悦，每天在你的黄金时段里做这些能给你带来快乐的事情。你应该这样做，这是你亏欠自己的——那个摈弃了各种头衔和身份标签的真实的自己。

上级指令

我知道你会抗拒的。你总是说，在做完工作后，在送孩子上学之后，在洗完碗之后，在你升职后，在这之后，在那之后，你就会拿起画笔 / 吹会儿长笛 / 读会儿书 / 跑会儿步。好吧，我想你和我一样清楚，这种许给自己的承诺通常难以兑现。这是指令：从现在开始先取悦自己。试试看。开始热身吧。如果需要，循序渐进。先花上美妙的不被打扰的十分钟，为自己做点什么。喝杯咖啡，读本书，开始写书吧。写一句话，读一页书，啜一口咖啡。这些小事小到你无法拒绝。然后第二天多做一点，第三天多做一点，第四天再多做一点，直到你习惯这种感觉，享受这种感觉，体会到把自己的事情当作一天中最重要的优先事项是多么让人快乐。

情境意识

仔细想想你的时间都去哪儿了，保护好你的黄金时段，把取悦自己放在第一位——这些都非常重要，否则你就会盲目地给自己的职业和生活贴上"白色"标签。我来解释一下。

在去战区之前，我的部署前训练包括固定的情境意识训练，它可以微调我对几乎所有事情的敏感度。训练的目的是确保我和其他学员习惯探查周边环境，寻找潜在的威胁，避免遇上棘手的情况。在完成了所有的情境意识训练之后，教官要求我们反思自己在作战练习的不同节点中是什么状态颜色：白色代表"不理睬/不在意"，黄色代表"意识放松"，橙色代表"意识集中"，红色代表"高度警觉"，黑色则代表"十分震惊/愣住了"（在某个令人十分痛苦的练习中，我几乎立刻就变成了"黑色"——我在后面会讲述这个练习——我再也不想见到这个练习了）。

大多数人每天都处于"白色"或"黄色"的状态，甚至有些人一生都在"白色"中度过。但那些简单的任务不是为你准备的。我正在训练你。因为我已经让你向内深挖自己的身份，有意识地了解自己是谁，你如何行动，你怎样才能展现自己最好的一面。现在让我们看看你的物理环境，来培养你的行动手册情境意识，以便你克服日常行动中的障碍，在情境意识色谱中自由流畅地切换。

众所周知，外部环境会对我们是谁以及我们的感受产生巨大的影响。不知不觉中，我们周围的压力、能量、声音、气味会融合成一个巨大的体验球，影响着我们的情绪、表现、效率、成功和幸福。

在战区，根据这些外部因素做出行动调整后出现了异常，这表明某些事情出现了状况，应该插上红色旗子了——这是一个告诉我们要"高度警觉"的危险预警信号。在日常生活中，我们需要对周围环境同样敏感，这样我们才能适应所有变化，而后才能挖掘出最适合新情境的身份，或者调整作战活动，以及我们的作战状态，从而更好地适应新环境。

例如，我知道自己走进缺乏活力的会议室时总是紧绷着。因此，为了在这样的环境中发挥出我的最佳状态，我会进入"成功身份"，深呼吸几次来放松，并在脑海中回顾自己的成功时刻，重新振作精神，为接下来在会议室的谈话做好准备。通过这种方式，我避免了陷入高度警觉的"红色"状态，反而能进入更有效率的"黄色"状态。

我知道，当周围有噪声和干扰时，我最擅长处理烦琐的管理任务。所以，一旦工作环境被噪声淹没（丈夫回家，女儿们开始喊叫，收音机里的歌曲让我分心），我就会放下需要精神高度集中的工作，开始处理发票或发送电子邮件。

情境意识就是要与你自己和你所处的环境保持良好的协调关系，这样你就可以改变在自己掌控之中的事情（你的准备、举止、活动等），无论情况如何都保持头脑清醒，保持最好的心态和状态。调整环境和个人行为之间的关系，有助于我们学会根据物理环境做出相应的改变，从而成就一个更好的自己。以下是利用情境意识调整工作（和家庭）环境的实用方法。

调整气味环境

有些人的嗅觉格外灵敏，所以想想你可以在自己的空间里制造什么气味，为你所执行的任务量身打造。例如，在你需要消耗大量精力的地方使用活力十足的柑橘香（家庭健身房或家庭娱乐室）；在你需要保持平心静气的地方使用放松安神的薰衣草香（比如卧室，或者你的工作空间）。几千年来，人类一直使用气味来辅助身心护理，并且有大量的科学研究表明气味可以影响精力、表现和认知。

调整照明环境

想想自己喜欢什么颜色的光和不同的光源（例如，在一个明亮的房间里再点一支蜡烛可以营造温暖的氛围）。如果你讨厌办公室里的荧光灯，可以考虑使用台灯。考虑一下自然光和阳光。有大量证据证明，在所处空间中引入自然光有很多好处，工作空间也不例外。

调整视觉效果

仔细想想，调整一下室内的摆设，为自己创造恰当的视觉氛围：照片、艺术品、名人语录、色彩、白板、书架等。让室内的环境符合你的需求，这可以在最大程度上抚慰你的情绪。重新布置你的桌子，让它对着窗户，清理没用的杂物，在墙上贴一些发人深省的名人语录，使用更美观的白板（我用的是磨砂玻璃白板，因为我讨厌传统白色塑料白板单调的外观），在上面贴上相关照片，旁边标注任务目标，或是改变墙壁的颜色。你知道什么样的视觉效果会让你感到愉悦和激励你，所以关注一下你所在空间的视觉效果吧。

调整空气环境

温度和空气质量非常重要，研究表明，在更舒适的温度下工作能够提升我们的工作表现。舒适感当然是主观的。有些人（比如我丈夫）偏爱凉爽的 18 摄氏度，而温度低于 21 摄氏度，我就很难正常思考了。如果你在公共空间里不得不妥协（在我们家，要么把空调调到 21 摄氏度，我丈夫穿着 T恤；要么把空调调到 18 摄氏度，我多穿一件衣服）。空气质量也很重要，所以一定要定期通风，添一些植物，帮助提升空气质量。

调整声音环境

不管你是喜欢莫扎特的音乐还是喜欢咖啡机的运行声，想想你需要什么样的噪声、什么质感的噪声来让你的潜意识保持愉悦。我通常喜欢大自然的声音（除了流水声，因为它会让我想上厕所）。在工作时，我最喜欢低声放古典音乐，在做饭时，我最喜欢听流行音乐。考虑一下你完成手头任务所需的声音环境，并尽可能做出相应调整（在办公室工作时，耳机可能是你最好的朋友，尤其在你比较内向的情况下，噪声和刺激会让你生理上进入"红色"的高度警觉状态，但又无法退回到安静的状态）。

调整生活质感

如今，我们的生活变得刚硬如铁、锋利如刀，以至于我们已经失去了触感，一些简单的改变就能给我们的生活带来更多的柔和和质感。从坐在平衡球上到赤脚站在站立式办公桌前，即使是在工作中，也有无数种方法可以调动你的触觉。你能在自己小隔间的地板上加一块小地毯吗？可以带个毯子或垫子在办公室里用吗？或者买一件不会挤压胸部的防弹背心？（这些东西在设计的时候肯定没有考虑过女性的身材！）想想你每天接触或穿戴的成百上千件东西，思考如何提升它们的质感和舒适度……而不是穿着睡衣去上班。

好好享受生活。多尝试，多创新。看看什么有用，什么

| 第一部分 | 目光长远 |

没用。多培养情境意识。在你需要的和不需要改变的事情上做些调整。你不需要进行代价巨大的修整，微小周全的调整也可以产生巨大持久的影响力。

机会窗口

根据行动手册工具包，接下来就要培养你发现和利用机会窗口的能力。在情报行动中，这些机会窗口转瞬即逝。月朗星稀，巡逻队在换班，作战团队已就位，信息正在搜集，地面部队可以畅通无阻或减少移动摩擦，从而提高行动的成功概率。

在日常生活中，我们也需要关注这些罕见的最佳条件，当我们发现自己身处其中——或者发现我们自己身上具备了这些条件时——关键就是在机会窗口关闭之前全力以赴抓住它。

这个窗口不必很大，可以小至你刚出生的孩子每天小睡的40分钟，其间你可以做一些重要的事情；也可以大至公司合并的时期，其间你可以拿到晋升的机会。这可能意味着在大气条件合适的时候发射火箭，或者趁着工作效率高的时候完成大量工作。这可能意味着在市场火爆的时候卖掉自己的公司，或者在开始新工作之前环游世界。

或许它是一种敏锐而强烈的感觉，让你感知到仿佛一扇窗户在你体内打开。如果你突然觉得准备好了去完成一项一直在拖延的任务，就需要全力以赴。如果你听到一个激励你行动

041

的播客时，就需要采取行动。如果你听说了一本很棒的书或一项很有趣的活动，就去买这本书或买票参加活动。热爱、天赋、激情，我们都知道这些东西不会长久。所以，当内心发出渴望的呼喊时，就采取行动吧。不要让它们等待。

因为所有的机会窗口最终都会关闭。在机会窗口还敞开的时候，如果你注意到微风拂过你的头发，就抓住这个机会吧。否则你只能在错过后追悔莫及，徒劳地空想如果没有错过机会，你会取得什么成绩，又会成为什么样的人。

隐蔽

最后，我们来谈谈"隐蔽"。这是特工用语，指的是你的外表和行为与周围环境融为一体。但就我们的目的而言，这不是要你"隐藏在家具里"，而是"在你所处的环境中展现出最强大的自己"。

这个世界很肤浅。我希望不是这样——你可能也希望不是这样——但只有在幻想的世界里，内涵才会胜过外表。这个世界也不是由精英统治的。我们都可以举出更多关于那些没有资格获得有影响力职位的人的例子。或者举个例子，对两位同样符合资格的候选人根据无形的特质进行排名：气质风度、个人魅力、性格讨喜、沉稳端庄，或是某种我说不出来的特质。我们的外表和举止会影响别人对我们的评价，这并不是什么新鲜事。但是可以花些时间思考一下自己的外表和举止，这可以改善生活，也是行动手册不可或缺的一部分。因为你需要在脱颖而出（出于正确的理由）和融入整体之间保持微妙而至关重要的平衡。

我现在不是形象顾问或专业造型师，但作为一名一直在男人扎堆的环境中工作的女性，我总是要小心地保持这种平衡。我必须确保自己给人的印象是强势的，但是（双重标准预警！）不能太强势，不能伤到别人的自尊。我必须展现出能力和自信，但不能"专横"。我必须和男人们合得来，但这不能抹杀或忽视我是个女人的事实。

我所做的一些事情自然而然地让我融入了男人扎堆的大环境。我握手有力，直视别人的眼睛，站得笔直，让人无法忽视。同样，也有一些事情让我很难融入男人扎堆的大环境。这并不意味着我必须改变自己，但确实意味着我需要考虑自己的表现，以便确保别人眼中的我是我在这种情形下希望他们看到的样子。你也可以借助你在本章中所做的所有工作，在你可以信任的朋友、专家或书籍的帮助下加以调整，这样你就**能在自己所处的环境中尽可能地展现出强大的力量。**

根据你的行业、背景、目标和你行动的具体环境，你需要或想要表现的方式会有所不同，但有一些方面值得探讨，包括：

▶ 姿势
▶ 口头表达

▶ 衣着与仪容

▶ 存在

▶ 眼神交流

▶ 当然，还有握手

所有这些"小细节"都很重要，可以帮助你改进自己的外在表现，投射出你的内在力量。

不要离场

现在，任何关于融入、出场和脱颖而出的讨论都不可能完全不涉及女性世界"房间里的大象"，或者我所说的"太多或不够多的问题"。有研究表明，这个"太多或不够多的问题"是女性面临的困境，仅仅因为她们处于某个位置或没有充分融入。几乎每个处在一定位置或参与到一些活动中的女性都会被一些长舌的人贴上标签——他们存在于各个组织的各个层面——在他们眼里，她们可能"做得太过了""做得还不够""野心太大""动力不足""太过强硬""不够强硬""不够真诚""作为不够""过于敏感""不够包容""太 A、B、C""不够 X、Y、Z"等，没完没了。（有色人种也面临着这个问题，因如何选择"太种族化"或"数典忘祖"的"太多或不够多的问题"而被评判指责的人，我能理解你。）

由于社会传统泥古不化，许多人仍然认为女性不应该过多参与和代表权力、决策、权威和生活，女性因外表和举止而被审视、剖析的比例比男性高得多，这真是可笑至极。我们是谁、我们如何表现被视为一场公平的游戏，各种各样的障碍和咒骂都会出现在我们面前。

我的经验教会了我这一点。我认识的每位单身女性的经历都教会了我这一点。大量关于这个话题的调查和关于偏见的研究教会了我这一点，因为女性在一定程度上被认为是不值得调查或研究的。

所以，在考虑如何出场时，请记住，"隐蔽"并不是指退缩或像别人一样生活在伪装中；而是利用你的"坏人"身份，这样你就可以在家中、战区、办公室、权力场或任何你所处的地方**拥有**一席之地，而不必为自己的存在而道歉，也不会让别人质疑你的存在。

好好利用这一点：你不是"默默无闻"的，你的确是不可多得的人才。注意别人看不到的东西。成为你这样的人的榜样。利用自己独特的位置去提携站在你身后的人。在家中拥有"独一无二的位置"可能是一件幸事（可能也是一种负担），所以不要为了保住自己的位置而贬低自己。你可能"做得太过了"，或者"做得还不够"，或者介于二者之间，但到头来，又有谁会在乎呢？如果你出场时展现的是最优秀、最不好惹的自己，那么别人对你的看法根本无足轻重。

关键情报

- 你的表现很重要，努力吧！

- 绘制个人能量图将帮助你发现你在一天、一周、一季和一年中的自然运作方式，并向你展现该如何调整自己的日常生活和任务，使它们更加符合你的自然节奏。

- 确定自己的黄金时段，极力保护它们。

- 在被卷入外界为你安排的行程中之前，先取悦自己。

- 使用情境意识重塑你的物理环境，这样一来，你的诸多空间环境和接触点就可以对你的身份以及顺利完成在那个空间的工作提供有力支持。

- 寻找、利用机会窗口；它们不会永远存在，错过了也许就再也遇不到了。

- 在你所处的环境中，在融入整体和脱颖而出之间维持恰当的平衡。

- 不要遵守或屈服于自己面临的双重标准；把"与众不同"当作一种资产，用你强势的正面案例挑战惯例。

第三章 | 你的使命

案卷：追踪线索

在中情局，特工的核心使命是服务于国家。展开来说，其中包含了许多工作：收集情报，客观分析，秘密行动，保护机密。没错，工作任务清晰明了，但难度不小。

完成使命是件趣事。回想起来，它们似乎界限分明，执行起来干净利落，但实际上在不断发生变化，如同一团乱麻，对此我们就需要"尽最大的努力，循着总体方向实现各项战略目标"。

个人使命也是如此，我的亲身经历可以证明。在第一次开始思考自己的使命（也可以称为目标或事业，总之就是这类让人奋进的东西）的时候，我毫无头绪，但我并没有为了搞明白这个问题就放下手头所有的事情。我处理好了生活中的所有事（交水电费、存钱、洗内衣、给家人打电话），但从未停止追踪线索。有些想法在我的脑海中一闪而过，我想要行动的手刚抬起又怅然若失地放下，刚察觉抓住了什么蛛丝马迹，它们又转瞬而逝。

所以无论在工作、活动、生活方式、学习场所还是领导模式中，我都尝试了很多不同的东西。我切换自己的身份，探索自己的个能图和背景故事——也就是我们目前做过的所有努力。我向内剖析自己，以此指导实践，直到最终找到对我至关重要的东西——我的使命。

但这个过程要花很长时间（有时候甚至需要花上四十年，这期间既包括有意识的努力，也有潜意识里的执行）。但在那些年里（至少五年），我问了自己一些重大的问题，记下答案。在心中把这些零散的点点滴滴拼凑到一起，同时也随时准备好处理现实中遇到的问题（一次处理一小部分）——这样我就可以在平常"偶遇"自己使命的时候将其完成。在这个快节奏的世界里，心浮气躁的我就这么度过了五年（或者四十年），想要实现自己的目标却又不能操之过急。这个过程并不容易，但很值得，因为如果没有那五年，我的余生都会为之困扰。这五年来我处处碰壁，知道自己应该成就一番大事业但又摸不着头脑，心中一腔抱负，还要面对他人的期待。假如没有经历过这些挫折，我永远都无法找到自己的使命。

我们的使命，那么宏大又那么渺小。但它早在我们的内心播下了种子。我们只需好好照顾它们，珍而重之。而后，我们会看到它们绽放或是含苞待放，接着就要尽全力保护这些花朵和蓓蕾。

请记住，使命一词严肃而不沉闷。它存在多种可能性，但不会漫无边际；它也许十分沉重，但我们可以举重若轻；它于我们而言意义非凡，但于其他人而言毫无意义。如果没人理会，没人买账，或者根本没人在意，那也没关系。

你愿意跟随内心的指引去寻找自己的使命吗？倘若你真的找到它了，你会接受它吗？

为了帮助你寻找自己的使命，接下来我将向你介绍情报周期，并向你展示该如何利用它来筛掉内心的杂质，做真正有意义的事情。在此基础上，我们将制定一句使命座右铭，督促你前行。无论你的使命是伟大还是渺小，有多么古怪，多么主观，多么混乱，多么具体，都不要困顿不前。只要你愿意去探索和尝试，就放手去做吧。

你是自己的老板。什么重要的事都是你说了算。使命的性质、方向和强度都由你决定。既然你在前几章中已经挖掘出了一些典型问题，也有所收获，我们可以以此为基础展开下面的工作。追踪线索需要耐心和实践。情报行动很少能一次成功——干扰因素很多，例如环境突然改变、朋友反目成仇（反之亦然）、目标改变，破译结果需要时间——探索使命的旅程也不会一成不变。

因此，本着探索、开放和好奇的精神，让我们一起思考你的使命，发掘埋藏在你内心中的线索吧。

情报周期和你

亲爱的朋友们，做好准备，接下来的内容更精彩。你在前面的两章做了很多工作来自我分析，这不容易，但很有意义

（你可能之前从未接触过这些），现在是时候好好利用这些分析成果了。如果不追求更宏大的目标，也就是你的使命，那么了解真实的自己、在生活中尊重真实的自己、合理安排空间和时间，便失去了方向。

在中情局工作有许多附加好处，其中之一就是我们在执行使命时永远镇定自若，坚信自己无坚不摧。在海外服役时，我们在讨论任务时很少说"我们做不到"，常常说的是"我们怎样才能做到"。大胆、自信、勇于尝试，即使结果无法保证也要坚持到底，这样的态度体现了一往无前的劲头，令人眼前一亮，精神振奋。

我深受这种人人胸有成竹的环境的熏陶，配以自己的个性加以中和——我喜欢称之为"豁达而张扬"，内心坚信"一切皆有可能"（张扬），同时也了然这一事实——我的使命不必人人知晓（豁达）。

大胆预测前方的可能性吧（这些将在第三部分展开阐述），在前往目的地的旅途上，你可以友好而坦荡地面对那些反对者。找到你的使命。以自己的方式、条件和价值观为指南针，去追寻内心的呼唤吧。做你想做的事情，不要揣测它"应该"是什么模样。

你到底要去向何方？这只有你自己能回答，但如果你从来没有具体思考过这个问题，我们会利用情报周期的流程帮你走上正轨。图3-1是我在中情局工作时使用的简易情报周期流程图。

图 3-1　简易情报周期流程图

情报周期由五个部分组成：**制订计划、情报搜集、情报处理、情报分析**和**情报传递**。我负责进行情报分析，我超喜欢这份工作。我在情报的海洋里埋头苦干，沙里淘金，撰写完整的情报汇报，审查、提炼、挖掘全部信息，深入分析，最终将其提交给我们最重要的客户——总统、内阁官员、军事领导人、国会和各级政府的决策者。

不过你和真正的中情局特工不同，没有向美国总统汇报的压力，也不必理解外国的部族分裂以及它们对美国利益的影响，但你可以使用同样的情报周期流程来解释你在意的事情以及这对你的利益和使命来说可能意味着什么。我们在情报周期内所做的工作将引出第四章，我们将在第四章中为你制订行动计划、召集行动团队，帮助你实现自己的使命。

在套用情报周期时，**制订计划**是最直接的一步，因此我们现在将针对这点展开讨论。通常情况下，高级情报官员收到指令或问题（比如从总统处），而后计划需要部署哪些资源来针对该任务搜集情报。而对我们而言，**你现在收到的指令**就是揭示自己的使命，而你的**计划**（是我为你制订的计划）是部署"三个理想状态"——理想的一天、理想的生活方式和理想的遗言，借此搜集你所需的基本情报。

你的**情报搜集**工作包括搜集所有关于你理想的一天、理想的生活方式和理想的遗言的关键组成部分的定性和定量信息，这样你就可以**处理和分析**搜集到的情报，加以利用。然后向相关人员**传递**你的分析结果（总统应该无暇关心你的状况，但你和其他所有可能需要参与实现你使命的人都会在意它的）。

情报周期：情报搜集——三个理想状态

理想的一天

有时候，深入思考一些宏大的问题会更容易一些，比如"我的使命是什么"，你可以尽情发挥想象力。好了，我们就从理想的一天开始吧。

抽出 60 ~ 90 分钟构建理想的一天，详细写下它的细节。让你的所有感官参与进来：你住在哪儿，什么时候起床，窗外有什么，能听到什么声音，温度是多少，你在吃什么，和谁在一起，如何分配你的时间，思维方式是怎样的，行动方式是怎样的，饮食方式是怎样的，你能闻到什么，感觉到什么，触摸到什么，品尝到什么，看到什么……你要沉浸其中，并且要尽量"具体化"——具体到邮政编码、食物的分量，这些都可以。把每件事都写下来。

理想的生活方式

现在让我们更进一步，看看你理想的生活方式。同样，抽出完整的 60 ~ 90 分钟，想想这些年来你**想成为的人、想做的事、想拥有的东西**，事无巨细，把它们写下来。你想掌握什么技能？（我希望自己的西班牙语能说得更流利，这样我就可以去讲西班牙语的国家举办活动了。）你在"工作"时间会做些什么？（我想提高自己的写作和口语能力。）你在娱乐时间会做些什么？（我想旅行，为我喜欢的人做一顿饭，和他们坐下来一起好好吃顿饭，联络感情。）你住在什么样的地方？（对我来说，"家"可以代指好几个不同的地方。）你拥有什么？（我拥有的东西不多。还完了贷款的房子和车子，一些时尚舒适的衣服，以及一套手工打造的家具——我还参观过他们的工作间呢。）你会如何回报身边的世界？（对我来说就是全身心地和自己爱的人在一起，而不是在生活中同时处理多项任务。）你会如何回报更广阔的世界？（对我来说就是尽可能广泛地制造积极影响。）

请记住，答案无论正误，所以多多益善，你尽可以大胆尝试。无论想法大小都需要付出同样多的努力。对自己想要的

东西有一个清晰的想法，这样在下一章和后面的章节中，我们就可以制订计划，帮助你达成所愿。

理想的遗言

现在让我们再进一步。现在就让你考虑自己的遗言可能有点唐突了，但所有复杂的事情本质上都很简单。只要回答四个问题，你就能知道自己理想的遗言是什么：

▶ 你希望人们在你的葬礼上说什么、感觉到什么、想到什么？

▶ 你希望在生活中产生什么具体的影响？

▶ 你希望人们因为什么记住你？

▶ 你最引以为豪的是什么？

就是这些。无需花很长的时间，也不会让人感到不适，只需要四个简单的问题就可以帮助你发现你的使命和你想留下的遗言。

那么，以上的理想情况将怎样揭示你的使命呢？好吧，如果你的思维极其发散，你的回答中的理想元素就会直指你在意的东西（毕竟我们在此谈论的都是理想情况）。在发散思维的时候，你所看重的东西自然会浮现。你所在意的和看重的东西往往会指引你的使命所在的方向（还会给你一个响亮的耳光，让你看清现实，让你知道自己可能还有什么不足）。

为了说得更明白，我会和你分享一下自己在这些练习中的最新迭代结果（我会定期检查自己的三个理想状态，你也应该检查一下自己的三个理想状态有没有随着生活和优先事项的发展而改变）：

我理想的一天：晚上睡七到九个小时，早上五点起床，利用我的黄金时段进行创造性的工作（在安静的房子里喝一杯温暖的咖啡），然后叫醒孩子，一家人一起吃早餐，送孩子去学校。在这之后，我会与团队进行沟通，布置一天的工作。策划或举办一个活动或研讨会，然后休息一下，和丈夫一起吃顿丰盛的午餐（不是自己做的），然后坐下来进行漫长的写作。晚餐，全家一起吃顿健康营养的饭菜（同样，不是我做的）。哄孩子们上床后，我会读查德·奥斯曼（Richard Osman）的《周四推理俱乐部》第五部（这套书超棒，你值得拥有），或是和丈夫一起看一些不费脑子的电视节目，然后一起睡觉，不给孩子们在晚上吵醒我们的机会。

我理想的生活方式：一年中大部分时间都生活在伦敦和伯克郡之间，夏天在纽约度过（离我的家人更近）。每年至少两次和丈夫、孩子去以前没有去过的地方旅行，定期与人用外语交谈。出差参加国内外的演讲和活动。每天把大部分时间花在写作上，所有的家庭管理工作都交给我们的"家庭团队"来处理。

我理想的遗言：我不打算在这里袒露一切（按照美国法律规定，前情报人员必须保守秘密），但我可以告诉你在生命结束时我最自豪的事情：要知道，我来这个世界一趟，做了最棒、最勇敢的尝试，我的生活就是一场冒险。

现在你已经看到了我的三个理想状态，那么它们可能指向什么？我看重的东西显而易见：家庭、旅行、学习、与世界的接触、创造力和贡献。而我不看重的东西也很明显（有时在我生活中甚至没有）：物质、家务、债务、各种管理工作。

同样地，你自己做这些练习时会发现你的三个理想状态会有重叠和呼应的方面，所以要适应那些处事模板、反复出现的问题和对你深刻影响的元素。当你完全向内审视自我时，这些线索会指向你的个人使命。

然后，下一步是寻找方法来实践你的理想状态，这样你就能亲身体验到它们在现实中的感觉（而不仅仅是在你头脑中想象），以及实现它们是否会揭示更多关于你的使命的线索。

情报周期：情报处理和分析

为了完成情报处理和分析，为了检验和实现自己的理想，你需要处理和分析这些数据。

在你理想的一天或理想的生活方式中，哪些部分最能引起你的共鸣，最让你兴奋呢？我建议你先从这些部分着手检验（揭示你的使命是关于实践和假设的全部内容）。对我来说，最让我共鸣、兴奋的就是写作和公开演讲，所以我最先在生活中尝试做这些事情。

你打算**怎样**具体实现自己理想中的一天，实现理想的生活方式呢？就我而言，我可以通过多种方式将写作和演讲融入我的生活，先从写博客开始（压力小，没有完成期限，我可以控制），并且在别人组织的活动中进行演讲（利用现有的东西，而不是从头开始，这意味着一开始遇到的障碍会更少）。

你**什么时候**才能过上自己理想中的一天，实现理想的生活方式呢？这不是一个宽泛的时间问题——如"我什么时候退休""我什么时候能空出更多的脑力"等，这是一个具体的问题。我们在第一章中围绕处理、筛选和委派所做的所有工作都需要你在生活中实践。那你打算什么时候行动？请给我一个日期和时间点。例如，我最初在每周三写博客，但现在我是在每周日上午写作。我最初每几个月演讲一次，现在我每周演讲好几次。

你打算**在哪里**过上自己理想中的一天，实现理想的生活方式呢？这对我来说很简单：在我的家庭办公室里写作，在主办方规定的地点进行演讲。那你呢？你现在需要在哪里或去哪里实现你的理想状态？

最后，为了过上自己理想中的一天，实现理想的生活方式，你需要让**谁**加入或参与进来？举个例子，我以前必须亲自找到并联系活动组织者，为自己的演讲做宣传；现在我有一个很棒的经纪人替我做这件事。

一旦完成了情报处理和分析环节，你就应该以一种可行的方式组织情报。在中情局，这意味着要写一份最终情报汇报，总结所答问题的关键信息和背景资料。

针对我们目前进行的工作，你的最终情报汇报需要总结**你认为自己的任务可能是什么，或者线索指向什么，以及你将如何检验这一点或者如何在你的日常生活中践行这一点。**

以我为例，我的最终情报报告可以这样写：

"从我的背景故事和三个理想状态的模板来看，我的使命可能围绕着帮助他人展开……也许是以我擅长而别人也感兴趣的东西为话题进行写作和演讲。光是想到这一点我就很兴奋，所以从这点开始实践再好不过。我打算通过写博客和在企业家活动上发言来检验我应该讨论什么话题，因为我已经上网仔细查证过了，我知道该怎么成为创始人。我会在我的生活中为这个实验创造空间，在我的事业和家庭生活中尽可能多地使用H–L–L–H分析表和3D模型。我还会和我的丈夫讨论自己的计划——他总是能提出一些不错的、切合实际的想法。"

情报周期：情报传递

一旦你把自己的发现提炼成连贯的、可操作的情报汇报，就是时候与需要了解情况的人（NTK）分享这份报告了。小心行事，不是你生命中的所有人都有资格接触你最深层次的情报。情报的知情范围需要分辨和判断。你最好的朋友符合要求吗？也许是，也许不是。支持行动团队的成员必须仔细挑选，在下一章你就会发现，有时我们最亲近的人会成为我们前行路上最大的阻碍。

上级指令

将情报周期付诸实践可能会让你略感混乱和紧张，但要坚持下去。享受其中的乐趣。举重若轻，发现并实现你的使命，一切都由你做主。

你的使命可以是拯救极地冰盖，也可以是做一杯冷榨果汁来唤回自己的理智。可以是开一家太空探索公司，让火星更宜居；也可以是坚持健康的习惯，让你的身体更能适应环境变化。可以是创造出令人震惊的优美的诗歌，历经岁月依旧惊艳；也可以是写出十分平庸的诗句，最后被扔进垃圾桶（有谁能决定什么是优美，什么是平庸呢）。你的使命不一定非要是多么宏大的事情。但它必须对你有意义，对你想要的生活方式有意义，对你想要过的每一天有意义。因为你在这个世界上只来一遭，只活这一次，只有一次机会做真正的自己。仅此一次，绝无补救的机会。

所以，就像我说的，尽情享受，举重若轻，只管去完成于你而言最有意义的使命。

你的使命座右铭

我建议你想出一个能体现自己理想遗言精髓的使命座右

铭，因为这有利于你平衡轻重缓急，开放探索与彰显个性。

我的使命座右铭一直是"永远不要对冒险说不"。每当我在人生的平衡木上摇摇晃晃，这句座右铭总能帮助我稳住重心。因为这句座右铭，我选择在 2012 年伦敦奥运会的开幕式和闭幕式上表演，而不是在读工商管理硕士的第一年和第二年之间的暑假里去做一份能写到简历上的实习；我选择了创业而不是找一份"真正的工作"。它还帮助我走过了各种大大小小的岔路口。当然，做一次实习生，做一份真正的工作，或是不生孩子会是另一种冒险，我已经知道（大致知道）这些冒险会是什么感觉，可我想逼自己尝试新的冒险。

我的使命座右铭会在当下和人生最后的时刻提醒我，什么对我而言才是重要的。它会提醒我，我想用什么充实自己的人生。在我 100 岁的时候，我希望自己的故事是什么样的，我会告诉任何愿意听我讲故事的人，在这个奇妙的星球上生活是什么感觉，这一生我有幸游历过这个世界。

请注意，我说的是"冒险"而非乐趣。因为乐趣是短暂而肤浅的，而冒险却是永恒而深刻的。我可以在冒险中忍受痛苦，但仍为之兴奋不已。我可以在冒险中跌倒，但无论跌倒多少次仍有站起来的勇气。我可以接受内心的冒险和外在的冒险。无论大小，无论是暂时还是穷尽一生。我的婚姻是一场冒险，我的曲折发展的事业是一场冒险，我的使命是一场冒险，我的内在成长是一场冒险。所有这些事情都是冒险——我选择将它们视为冒险——在找到下一个冒险前我决不说"不"。

那么，你的使命座右铭是什么？如果你必须将你的理想遗言浓缩成一两句话，它会是什么？现在是什么在指引你的决定，你希望从现在起用什么来指引自己的决定？

和之前做的其他工作一样，你的座右铭必须是你专属的，这对你而言很重要。比其他事情都重要。

毕竟你只活这一次。你希望这句话的核心思想是什么？

关键情报

- 寻找你的使命（让人奋进的东西）需要实践和反思。

- 情报周期框架可以帮助你处理和分析从你的背景故事、三个理想状态以及我们迄今为止所做的所有工作中出现的典型问题和处事模板，这样你就可以开始尝试实现自己的理想状态，看看在你这样做的时候会产生哪些额外的线索和想法。

- 如果你正在努力确定自己的使命，那就充分调动积极性，积极投入到你的生活中来，而不是被推着走——积极性会开阔你的眼界，让你看到新的想法、机遇和人际关系，这些都有益于你的行动。

- 你的使命座右铭将指引你做出自己一生中必须做的大大小小的决定，并提醒你现在就可以实现并建立理想遗言。

第四章 │ 行动计划 │

案卷：选择行动团队

回想刚开始创业的时候，一位朋友和我分享了一句话，多年来我一直铭记于心："一个人的财富和智慧是与他交往最密切的五个人的平均值。"❶ 而盘点与自己交往最密切的五个人时，我对自己的发现大失所望。

在中情局时，我身边的人，我的团队，就是一切。我有幸与各种各样的专业人士一起工作或有过接触，他们来自所有你能想象到的领域，具备所有你能想象到的能力（其中许多人来自的领域和具备的能力甚至超出了大多数人的想象）。所以，在我离开中情局那些实干家、思想家和才华横溢的"怪才"时，我花了一段时间才适应和工商管理硕士的同学打交道，这个过渡相对平稳。

但开始创业后，我每天大部分时间都是一个人努力工作。在将近一年的时间里，我孤独地挣扎着，身心俱疲。后来有一

---

❶ 来自吉米·罗恩（Jim Rohn）提出的"密友五次元理论"。吉米·罗恩是美国最杰出的商业哲学家、成功学创始人。——译者注

天，我和自己最要好的朋友（也是最注重个人提升的两位创业者）一起成立了一个沃茨普（WhatsApp）群组。事实证明，这个小小的举动极大地改善了我的生活，也让我的事业蒸蒸日上。无论在过去还是现在，这个三人群组都对我个人和公司的成长、提升和发展不可或缺，其意义不亚于中情局的团队和读工商管理硕士的同学们对我的意义。我们相互出谋划策，这扩宽了我们的思维，也让我们赚得盆满钵满。这种伙伴间"互为支撑"的精神为我们扫除了数不清的挫折、困惑、焦虑和瓶颈（做企业创始人可不像电视剧里演的那么简单）。这个小团队是我们的力量之源——我们彼此信任，彼此了解，彼此投资，规模更大的团队可能反而做不到这些事。

然而，并非所有商业群组、企业家群组或其他类型群组都是同等水平，无论规模大小。我们必须去有拥有高标准和高期望值的地方。在那里，我们可以不必和那些惹人嫌的家伙打交道。像我之前一样，目前的关键是为你当前的使命选择最好的行动团队，为你要去的远方和你要做的事情选择最合拍的伙伴。我们在本章会一起完成这项准备工作。就像电影《夺宝奇兵》中的圣杯一样，你必须做出明智的选择，不然就会面临脱水死亡的危险！

在任何情报行动中，行动计划都是实现书面任务想法的关键环节，因此一定要认真对待这一部分。也许你之前不擅长做计划——我过去希望过自由的生活，因此一度认为"最好的计划就是没有计划"——但如果你想完成任务就必须做好计划，

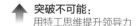
然后付诸实施。

光说自己想要什么是不够的（很多人只是许愿，而不行动）。如果你真的想要获得什么，那么就请停止许愿，付诸行动。行动计划会指引你去实现梦想。它将帮你评估自己现在所处的位置，想要到达的位置，以及你该如何到达那个位置。

我们将一起通过确定任务的资源、资产、短板和需求来共同绘制你的使命地图，并帮助你思考需要制订什么应急计划来解决可能会出现的问题和障碍。而后我们会探查情报，以确保你的计划清晰、重点明确、切合实际，而后尽力组建强大的行动团队来帮助你完成任务。

绘制使命地图

每当决定做出改变或做一些重大的事情——尤其是像使命这样引起个人共鸣的事情——我们都忍不住会做出一些特别的举动来宣示开始，比如朝着落日鸣枪。不过现实生活可不是好莱坞电影，与其做这些花里胡哨的事儿，不如绘制详细的"使命地图"。使命地图可以帮助你明确自己有哪些**资源和资产**，存在哪些**短板**，以及该**如何**补全这些短板。如果可以正确地绘制使命地图，你就更有可能获得成功。

资源和资产

绘制使命地图的第一步是清点资源和资产，也就是你已经拥有的、可以支持你完成任务的**物质资源、人力/人际资源、知识资源、资金资源、时间资源和精力资源**。把它们横向列出，务必全面。

假设把自己的副业做成全职的、能维持生计的事业是你的使命。回看你的背景故事，也许做创造性的工作和实现自己的想法在你最充实的时光和最快乐的回忆中一次又一次地出现。在情报周期练习中，你将财务独立性设定为使命的"**目标**"。怎样自由支配自己的时间、在哪些事情上自由支配自己的时间也是你三个理想状态中的典型问题：没有办公室，没有人为你安排日常工作。

为了验证这个想法，看看自己创业、全职做企业家是否可能是你的使命（或可以指引你实现目标），你可以按下文列出你已经拥有的资源和资产：

▶ **物质资源**：你的商业网站和现有的产品或服务。

▶ **人力/人际资源**：你在企业家聚会上遇到的客户和熟人。你还有个在学校认识的朋友，她多年前自己创业成功，还有一个在油管网上教授商业课程的前同事。

▶ **知识资源**：你擅长做创造性工作和联系客户，还有点倾向于深入业务的技术层面（筹集投资、财务管理、培养团队等）。

▶ **资金资源**：资金有点紧张，无法用于创业，因为你的孩子刚开始上幼儿园，而你的存款为零。

▶ **时间资源**：一天 24 小时永远不够用！但是如果你的孩

子在上幼儿园，从工作结束到你去接她之间可能有几个小时可以利用。

▶ **精力资源**：极度匮乏。有事业，有孩子，还有副业，真让人精疲力竭！

短板

现在你已经明确了自己现有的资源和资产，也能清楚地看到自己欠缺的资源和资产。这些是你的短板，你需要把它们写下来。在之前的罗列中，知识、资金和精力资源是你主要的短板。

需求

你的需求清单上包括你需要做**什么**来补全自己的短板，以及**如何**补全这些短板。

针对每一块短板，你需要做些**什么**：

▶ **知识资源短板**：筹集资金并进行资金管理，这是扩大业务规模的必要条件。

▶ **资金资源短板**：为你的业务发展计划制定预算，预测可能消耗的成本，这样你就可以筹集资金了。

▶ **精力资源短板**：想个办法给自己充电，尤其是在频繁被孩子闹醒的夜晚。

现在到了有意思的部分了——你可以就**如何**补全短板提出创造性的解决方案：

▶ **知识资源短板**：联系当地的商会或商业中心，了解自己可以获得哪些免费课程和资源。同时开始阅读商业书籍和杂志，收看前同事的油管网（YouTube）频道，了解其他创始人是如何从打工人逆袭成老板的。

▶ **资金资源短板**：让伴侣参与自己的使命探索，并提出一起存钱的计划，你可以把这些钱用于创业。此外，你们达成了一致，每周坐两次公交车上班（虽然通勤时间更长，但总比开车和付停车费便宜……还记得你在 H-L-L-H 分析表中学到的东西吗？你可以把自己喜欢做的事情和不喜欢做的事情结合起来，比如读书和坐公交车上班；看看我们把这些事项组合在一起会产生什么效果）。你还决定每周少喝一杯燕麦牛奶拿铁，取消你从未使用过的健身房会员卡，从家里自带午餐而不是每天在公司买。省下的这些钱可以让你雇一个兼职助理，这样你就可以在全职工作的同时接待更多客户。

▶ **精力资源短板**：从短期来看，要求伴侣早点回家，每周值两天"夜班"（带孩子），这样你就可以把更多的时间投入创业中，参加你找到的免费商业课程（从中期来看，你可能还会考虑营养、压力、激素和其他任何有助于／有害于你精力水平的东西）。

做得不错！通过仔细思考、详细规划和发挥创造性思维，"理想"和"任务"这样无形的东西也要被你实现了。曾经你没有足够的时间、金钱或精力，甚至不知道什么才能提升自己的生活，可现在你做到了，像个真正的老板一样！

应急计划

相信"一切皆有可能"，寻找更富创造力的解决方案来解决可能阻碍你完成任务的问题。好了，面对现实吧，所有的计划都需要制定应急措施。也许你的另一半有时不得不工作到很晚，或者遇上了堵车；孩子生病，只想让你照顾；那些曾经让你兴奋不已的免费商业课程原来都是些入门知识，进度缓慢。

诸事不顺。

但这并不意味着这些情况一定会搞得你手忙脚乱。大多数问题都是可以预见的，只需一点洞察力。这便是优秀的应急计划的意义所在。只需分三步走：

（1）列出**最可能发生**和**最具破坏性**的潜在问题。

（2）提出解决每一个问题的**计划或解决方案**。

（3）将**应急措施**落实到位。

按照以上情境，制订应急计划的步骤如下：

例1：

1. 我的伴侣有时不得不工作到很晚，这在我们的意料之外（潜在问题）。

2. 如果这种情况发生在我的创业时期，我可以把孩子送到妈妈那里去（解决方案）。

3. 我现在就打电话给妈妈，问她周二晚上是否有空，以防我们需要她代为照顾孩子（落实应急措施）。

例2：

孩子有时极不听话，必须我亲自去哄（潜在问题）。

1. 我会尽快哄睡女儿，但如果我第二天很累，需要补觉，那么我会在周六处理更多与创业相关的工作（解决方案）。

2. 我会搜索是否及何时有周末课程或线上课程，帮助自己巩固商业基础知识。如果能找到，那就太好了，我会报名参加这些课程（落实应急措施）。如果没有找到，我将重复步骤2和步骤3，直到找到可行的解决方案并采取行动。

例3：

1. 我报名参加的免费商业课程可能会以失败告终（潜在问题）。

2. 如果发生这种情况，我会报名参加由知名商学院教授开设的免费课程（解决方案）。

3. 我进行了调查，发现有很多免费的、评分很高的课程可以报名，所以我将其收藏到了浏览器的书签里。我还申请了一笔小型企业补贴，可以用来支付一些非免费课程……甚至可以用来读在职工商管理硕士（落实应急措施）。

我们可以不断地更新潜在问题和解决方案，我想你现在应该已经了解怎么制订应急计划了吧。这些步骤很简单，却能产生巨大的效果和你从未想过的改变。但是你需要花时间去思考和计划。

我们中的大多数人都不会采取结构化、分析性的方式来思考自己的生活——我知道我之前说过这些，但重要的道理不妨多说几遍——所以，请习惯这种全新的、深思熟虑的生活和领导方式吧。这就是你我同行的原因，日日练习，你才能越来越像个中情局特工。

探查情报

说到越来越像中情局特工，如果不对情报和目前为止你为自己的使命和行动计划收集的所有相关信息进行最终探查，行动计划就不完整。也就是说你需要明确并探查计划中所有的**基本假设**（"我的伴侣真的能每周提前回家两次吗"），并根据你的现实生活对其进行**压力测试**（"哦，糟糕，她会在春天出国参加会议……还要在夏天再次参加领袖培训营"）。

一切皆有可能——绝对如此。但与此同时，并非一切皆有可能。在现实生活中，我们需要做取舍。探查情报将有助于你明确——然后着手处理——你需要做出取舍。

我们的时间、精力和资源有限，每将一分钟、一份精力和资源投入一件事中，便意味着它们不能再用来做其他事了。我每花上一个小时和女儿们在一起玩耍聊天，就意味着我少了一个小时的工作时间。我若将时间用于健身，在这段时间里便不能伏案工作。这些事没有好坏之分，只是有不同的取舍。

大多数人不愿意承认自己需要做取舍，更别提有意识地接受这个现实了。但你可不属于大多数人（我们毕竟已经一起做了那么多准备工作了）。所以，探查一下你的使命为自己的生活增添了什么，也要敢于承认自己应当舍弃一些东西。例如，我很清楚，写作和演讲有时会让我疏远家人，但在必要的时候我愿意做这种取舍。

你也需要做这样的取舍。但要记住，每当你对一件事说"是"，你就得对其他事说"不"。没关系，事实如此。那些被你拒绝的人会理解你的（希望如此），只要你给他们机会（如果他们不能理解你，请仔细阅读关于组建行动团队的部分）。

例如，在写这本书的时候，每次女儿邀请我和她一起玩儿，我的心就会怦怦直跳，因为我需要对她说"不"，专心写作。思考如何让她远离我的工作困扰了我许久，后来我决定和她解释一下。我把女儿抱到自己腿上，告诉她："我正在写一本书，这本书对我来说很重要，过段时间就能完成。"最后问她："妈妈现在不能陪你，可以自己玩儿吗？"在那次谈话后不久，我无意中听到女儿对我丈夫说："爸爸，妈妈现在不可以陪我玩儿，因为她要写作。"（我当时真的哭了）我没有把她推开，而是邀请她加入了我的使命，这减轻了做取舍的痛苦。然后她按照自己的方式处理了这种情况。这也让我做取舍的过程变得没有那么残酷了。

所以，记得探查数据。对你的使命进行压力测试。在必

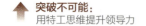

要时刻做出取舍，并从周围的人那里收获惊喜。

上级指令

说到这里我想暂停一下，因为你的行动计划在执行时必然会遇到抽象的理论难以应用于现实的情况。而对几乎所有人来说，现实的艰难往往来自时间、精力或资金资源的短缺。

现在，如果你正在建立 H-L-L-H 分析表和 3D 模型，时间就不是问题了。如果你正在自我调整，与你的个能图保持一致，那么你现在的精力也会更加充足。但我们尚未深入研究的主要问题是你的资金资源，所以现在着手处理这个问题吧。因为行动失败常常被归咎于资金短缺，但有时（也许很多时候），背后的真正原因是重要事项被放错了位置，而不一定是资金匮乏。

因此，我们要给自己下的指令是：对于如何和在哪里投资，要深思熟虑、实事求是，而且——毫无疑问——要有条理性、分析性。

粗略地说，我倾向于将那些带来短暂快乐的东西定义为"消费"，（通常）小笔而频繁的支出不会给我们的生活或人际关系带来持久价值：你总是在上班路上买咖啡和百吉饼，一时兴起买了在社交软件上看到的鞋子，常常去昂贵的餐厅约会，在情绪低落时为了让自己开心一点而欠下了信用卡债务。

另一方面，我将那些带来长久快乐的东西定义为"投资"，这些金额较大的开销用于那些能给我们的生活或人际关系带来持久价值的东西：为了学会拓展业务规模花的参会费用，为了重返工作岗位交的日托费……

而且——你可能明白我要说的是什么——为了更好地对完成自己的使命进行投资，有时你必须停止没有节制的开销（至少是其中一部分，或者至少在一段时间内）。表 4-1 会帮助你探索可以在哪里留出你需要的资金资源来支持自己的使命。

如果你想走捷径，下次在纠结是要"消费"还是"投资"时，你可以这样想：投资将帮助你完成自己梦想中的使命，而消费只能帮助他人圆梦。

表 4-1　你的个人资源库（请落实到具体使命）

资源库	使命
知识库：你能做的、你学会的、你的心态	
社会库：你认识的人、你的立场、你的名声、你的影响力	
家庭库：家庭成员的联系、情感支持、行动支持	

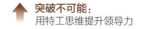

续表

资源库	使命
财务库：当下拥有或者挣得了什么	
交际库：交际网络、外延的人际关系	
身体库：能力和外表	
名声库：他人对你的看法	

选择行动团队

现在你已经详细规划了自己的使命，并留出资源来支持它，那么最后一个环节就是组建你的行动支持团队。这些人会在你前进的道路上帮助、指导、推动和激励你。你的团队可以包含办公室的同事、你所在行业的人、聪明的朋友，以及任何你能想到的人——在你的生活中出现过的人。

选择团队成员的关键标准在于其个人能力和是否具备与当前使命相关的经验。还有一点很重要，如果没有切实的理由，不要盲目地让朋友和亲人加入行动团队。

下面我会告诉你原因。

我从商学院毕业后，姐姐哥哥开始插手我的事情。当时我刚刚工商管理硕士毕业，他们担心（害怕）我自己创业会一不留神就把自己的生活和事业搞得一团糟，浪费自己的工商管理硕士学历。"好好准备一下个人简历，找份正式的工作，"他们苦口婆心道，"然后你想干什么都行。"

他们单向劝说了我几个小时，尽管我们喝的是美味的鸡尾酒，我却味同嚼蜡。尽管我的嘴上一直坚持说"我是个成年人，我知道自己在做什么"，但我的心里在想，如果他们是对的呢？

如果我失败了怎么办？如果我创业没能成功呢？如果我因此放弃了去"好"公司工作的机会会怎么样？如果在工商管理硕士毕业生常去的几十家管理咨询公司中，我碰到了一家公司，他们不认可我略带吹嘘的个人履历，我该怎么办？如果我真像他们想的那样鲁莽呢？

哥哥姐姐说的每一句话都很有道理，那么我为什么不按他们说的做，理智一点呢？为什么我不能出去找一份"正式的"工作？

我有一个理论（实际上，我有很多理论，你现在已经知道了，但为了达成我们的目的，我会坚持一个理论）是这样的：了解我们或爱我们的人往往最难让我们改变心意，做出重大改变，或是追求自己的使命。他们常常会让我们陷入时间错位状态，他们希望我们必须保持他们一度"了解"我们的样子，有时他们希望我们保持这种状态，只是为了他们自身的利益而不是我们的利益。他们可能只是想让我们继续扮演某个角色，这样就不会破坏多年来相互了解所建立的平衡，或许不会破坏他们自己的安全感，突破他们的舒适圈。他们可能只是想保护我们，所以想让我们按照某种方式做事。他们担心我们可能会失败、沮丧，甚至毁了自己，而他们的建议是为了让我们免受这些事情的影响。

不过你知道吗？没有人可以替我们做这些；没有人可以阻止我们陷入失落的情绪中；没有人可以像我们一样读懂自己的内心深处（只要我们上心）；没有人可以告诉我们自己的使命是什么；也没有人可以告诉我们什么是风险，什么不是，因为我们对风险的定义不同。我们必须听从自己的直觉，听从我们的本能，听从我们自己对于自己想要什么和自己是谁的想法，因为有时候（也许是很多时候），我们生活中的人有他们自己的安排，他们不能替我们生活。

那我是否忽视了哥哥姐姐的建议，让他们不要插手我的事？当然没有。我听从了他们的意见，备受煎熬，思考他们是不是对的，然后我开辟了自己的道路。我制订了自己的应急计划（看，所有我要求你做的事情我自己都做过），然后倾尽一切换取事业的成功，因为我别无选择。我努力工作（在我学会如何聪明地工作之前），我做到了。通过创业，我在毕业后有了收入，也消除了所有人（包括我自己）的忧虑，一劳永逸。

但这真的太难了。特别是在刚开始的时候，我的自我怀疑和不安全感不断爬上心头，这让我和家人的每一次通话都变得异常艰难。我受不了和他们交谈，因为我担心他们中有人会告诉我"留意"工作机会，联系猎头公司，或者在给别人打工的同时把创业作为业余爱好。他们所有的担忧和焦虑只会放大我自己的担忧和焦虑，我用尽了所有的力气敷衍过去，然后置之不理。

因为我知道，"了解"我们和爱我们的人并不总是正确的。他们并不总是可以支持我们的行动。如果我们太轻易听取他们的意见，他们会阻止我们成为自己想成为的人——我们知道自己可以成为的那种人。当然，我们可以接受他们的关切，但这并不意味着我们要让这些关切阻止我们实现自己的使命或是对于生活的规划。我们可以按自己的方式行动，用自己的方式保护自己。用自己的方式解决他们（和我们）所有的担忧。所以有的时候，置之不理就好。

不是所有人的建议都值得听从，无论他们有多么爱我们。不是所有人都有资格发表意见，不管他们陪伴了我们多长时间（我不会向自己的发型师征求税务建议，尽管我认识她的时间是我的会计师的两倍），也不管他们有多聪明（我永远不会让我的会计师决定我的发型，尽管她很聪明）。有时我们必须提防那些"了解"我们和爱我们的人，因为他们可能是我们前行路上最大的障碍，而且很多时候，他们根本不知道自己在针对我们的使命发表什么意见。

做出重大改变，实现宏大目标，完成使命，这些事情太重要了，涉及个人利益，所以不能让别人替我们做决定。这就是为什么我们的行动支持团队必须根据经验和专业知识来选择，这些经验和专业知识应与我们未来的发展方向和人生目标有关，而非我们过去的工作和身份。

我之所以告诉你这些，是因为为完成你自己的使命选择行动团队（这意味着有些人不会被选中）可能会让你尴尬或不舒服。而且这可能意味着会将一些非常重要的人从你生活的很大一部分中剔除。但是，这并不意味着切断你的人际关系——我并没有因为我的家人不希望我创业而拒绝与他们沟通。这只是意味着为你的使命选择合适的团队，并与其他人划清**界限**。

如果你的使命是在一个人多口杂、经常社交的行业中成为一名体贴、以价值观为导向的首席执行官，那么不妨建立一个由其他领导者组成的行动团队，他们都有过了不起的成就，你可以定期向他们咨询或与他们会面。他们可以是你从未见过的领导者，可以是你所在行业或其他行业的领导者，也可以是年轻的初创公司创始人或经验丰富的企业领导者。然后在年度会议或偶尔的社交活动中少跟那些爱高谈阔论的人打交道——除非万不得已。

如果你的使命是成为下一个大型金融技术创始人，那么不妨寻找并组建一个由创始人同伴、金融技术领域的其他创始人、商业专家、技术专家组成的行动团队，并与他们谈论你的业务（毕竟他们有技能和相关经验）。和家人的聊天话题仅限于孩子在学校闹出的笑话、谢卡尔叔叔的糖尿病、今年排灯节庆祝活动的计划，或者最近你在迪士尼＋频道❶上看了什么片子。

如果你的使命是在合唱团里唱歌，那么就建立一个由其他歌手、合唱团领队、创意人组成的行动团队，与他们谈论你

---

❶ 华特迪士尼公司在 2019 年的推出的迪士尼流媒体服务在线流媒体平台。——译者注

的使命。而与你现有的朋友圈的聊天话题仅限于周末的计划、你正在阅读的图书和其他与你的使命无关的"安全"话题。

在为你的使命选择行动团队时，你会发现你已经摆脱了一些人际关系，这不可避免，问题不大。这是实现使命过程中的一部分，也是生活中的一部分。

多年来，我不再花时间与某些人维系关系，并不是因为他们是坏人或无趣之人，而是因为我在追寻自己的使命的旅途中遇到了许多人，我与他们的联系要更多。而且——这里又要做取舍了——考虑到我的空闲时间很少，我宁愿花时间与那些了解现在的我，并让我不断成长、进步和发展的人建立关系并享受乐趣，而不是把时间花在那些我觉得应该与其保持联络的人身上，仅仅因为他们曾经是我生活中的一部分。

因为这个世界不存在停滞不前的状态：要么前进，要么倒退；要么成功，要么受挫；要么勇敢成长，要么畏缩不前。而我们所处的社群，与我们关系最密切的五个人——我们的行动团队——将推动我们朝着某个方向前进，即使这种前进难以察觉。这就是为什么加入团队和组建团队如此重要，在这样的团队中我们有志向有胆量，但不会被当成"怪胎"；在这里，我们被接受、被理解、被挑战；在这里，我们可以不必改变自己、自我贬低，不受那些告诉我们"应该"做什么、"应该"想要什么、"应该"成为什么样的人的声音影响。

这就是为什么我们要明智地选择自己的行动团队，并减少在其他事情上投入的时间和精力。

组成你行动团队的社群、人员和想法不一定是现实生活中的，你也不一定要与他们直接沟通。他们可以是你阅读的图书的作者、你收听的播客、你关注的思想领袖、你加入的在线论坛。你所吸收的所有观点、想法和对话都是你的行动团队的一部分，因为是它们对你是谁和你会成为什么样的人产生了积极影响。

我不是说要生活在过滤气泡❶里，不是创造一个回音室❷，也不是寻找可以证实已知条件的信息。我说的是让你利用周围的想法、人、对话和任何其他可以提升、刺激和提供信息的东西，而不是那些让你泄气、压抑或扭曲变形的东西。所有计算机程序员或营养学家都会这样告诉你：摄入垃圾后排出的还是垃圾。如果你正在追寻一个对你而言很重要的使命就不能给垃圾可乘之机。

因此，要选择输入的内容、行动团队成员，以及他们干预的频率，不要让不停否定你想法的人或善意的无知者进入你的团队，从而破坏你的行动。

---

❶ 过滤气泡最早由伊莱·帕里泽（Eli Pariser）在《别让算法控制你》中提出，指的是算法基于我们的搜索历史，过滤掉与我们观点相左或我们不喜欢的信息，只提供我们想看的内容，从而造成认知的隔绝状态。——译者注

❷ 回声室效应由心理学家凯斯·桑斯坦（Cass. Sustein）提出，指的是在一个相对封闭的环境中，一些意见相近的声音不断重复，并以夸张或其他扭曲形式重复，令处于相对封闭环境中的大多数人认为这些扭曲的故事就是事实的全部。——译者注

你和你的使命需要并且应该获得更多支持。

关键情报

- 为了实现你的使命，你必须制订一个行动计划，为你的任务规划出资源、资产、短板和需求，并为预防意外发生制定应急措施。

- 你的应急计划要求你列出最可能发生的和最具破坏性的潜在问题，并提出针对的解决方案。

- 通过探查支持行动计划的情报和假设，对你的行动计划进行压力测试；承认自己需要做出取舍，接受这一事实。

- 为了给你的使命提供资金，你应考虑自己的财政资源的支出和投资，并尝试将天平倾向投资。

- 根据技能和相关经验选择你的行动团队成员。那些一直出现在你生活中的人不会总是符合这些标准，但你不必抛弃他们，只需要围绕你与他们分享和做的事情建立界限。

第一部分 事后回顾

亲爱的读者，到目前为止我们一直在飞速前进，进展顺利，我非常高兴你已经开始专注于重大而棘手的问题了，因为我知道解决这些问题所带来的变革力量有多强大。

一切皆有可能，你现在有了结构化的、分析性的工具包，可以让自己做到这一点。我不会去你家检查你是否完成了你的背景故事练习，或是给你的三个理想状态打分，也不会问你的员工你是否基于自己的个能图对你的工作日程进行了调整，或是让他们也这样做。我要做的是假设你十分重视如何充分利用自己的生活，投入时间来研究我所分享的内容，然后将所有思考成果付诸行动。每次做一点点。

随着你对自己想去的地方、想成为的人和想拥有的东西有了新的认识——你已经完成了所有的"目光长远"的任务——在继续前进之前，暂停一下，进行自己的行动后回顾，进行修补、调整、完善和反思。因为在第二部分中，我们将利用你在第一部分总结出的工具技能包，让你通过"掌控"自己的生活，并通过为自己和他人树立榜样，成为一个更强大的领导者典范，从而优化领导方式。

第二部分
优化领导

第五章 | 掌控一切 |

案卷：重新定义领导力

站长是中情局在海外执行任务的负责人。在战区服役时，我在一个站长手下做事，他打破了我对站长的所有刻板印象。亚当（Adam）（化名）是再理想不过的合作伙伴了。他深知分析师对于情报部门的价值，并且总是支持我完成总部团队布置的任务，满足需求、填补短板。尽管我对他的名头和手腕心生敬畏，但我们日常还是平等相处。他对待我——以及与他共事的其他人——把我们视为任务中不可分割的一部分（好吧，总有些人更重要，但这似乎并没有影响到亚当一视同仁）。

他叫我"姐姐"，允许我使用他的飞机和安保人员。他会问我需要什么，然后帮我搞定。他不会大喊大叫，不会虚张声势，也不会表现出自己有多强硬——总有人将一些充斥着大男子主义的废话与领导力混为一谈，尤其是在中情局这个雄性激素爆棚的世界里——他是我遇到的第一位出色的机构领导者。

查尔斯（Charles）（也是化名）也是一位出色的领导者。他曾是一名海军陆战队员，会讲些冷笑话。他真诚善良，分析能力也是顶级。他总是勇于承担全部责任，哪怕那件事不是他能控制或负责的。他不会像周围许多自负的人那样威逼他人，凡事都以身作则。他能轻而易举做到慷慨智慧，从不张扬，时至今日我仍为他深深折服。

最后一位出色的领导者是萨曼莎（Samantha）（没错，仍然是化名）。她属于你所见过的最"爱之深，责之切"的那种人，我希望自己可以达到她的高期望，因为她能够发现我身上的闪光点，这让我备受鼓舞，迫不及待地想要向她证明自己。她还有个小妙招，就是能在能力不强的人不知情的情况下把他们打发走。她对懒散或吃老本的人没有耐心，哪怕这人是她的上级。她始终坚守本心，刚正不阿。

亚当、查尔斯、萨曼莎——他们都是了不起的领导者，可他们也视我为领导者。他们让我知道，领导力和你的头衔或办公室的大小无关，而是与你是谁、你如何看待自己的身份，以及你承担的责任大小有关。他们把我当作领导者的原因就是我办妥了事情。即使没有指令，我也完成了应该完成的任务；即使没人让我解决问题，我也提出了解决方案。我的工作表现出色，也从不排斥在别人眼里变得更加高大。

没有拍背打气，没有挥拳喊口号，没有立正听领导讲话——是这些优秀的领导者激发了我体内优秀领导者的潜质。他们向我展示了领导力是什么模样，并教会我在自己身上发现并培养领导力：不能拿架子，防备心不能太强，面对残酷的现实不能退缩。这套理论对你也适用。你已经是领导者了，并且有能力成为更出色的领导者。我会向你们展示如何做到这一点，让我们来一起重新定义关于领导力的陈旧观念，总结出自己的一套理念。

当好某个领域的领导者，与其说是一种科学方法，不如说是一门艺术，我所见过的最优秀的站长"艺术家"自身的功底都非常扎实，他们会为自己的身份做"头脑体操"，轻而易举便可引导他人超常发挥。

但所有出色的领导艺术都需要付出努力才能看起来毫不费力。你到目前为止所做的一切努力都将帮助你充分展现已有的领导者潜质，并帮助你成为更好的领导者。利用你在第一部分中的收获，我们将研究身份驱动型领导力（IDL）如何让你在工作中、家庭中、人际关系中，以及在与自己的关系中掌控一切。我们将进一步引导你内心的领导者，通过建立你的信心来击退"恐怖分子"，并帮助你"调整"那些可能阻碍你或你的使命的行为。

身份驱动型领导力

与我共事过的最优秀的领导者都知道自己拥有出色的领导才能，不会胡思乱想，同时也会自我提升。对你来说，身份驱动型领导力需要的正是：接纳真实的自己（无论好坏）；在你可能不擅长的领域做得更好，比如怎样践行自己的价值观（或没有），如何处理烦恼和压力，或是如何领导团队应对挑战。如果你接受自己的领导方式——而不是把自己生搬硬套进别人的方式之中——你必然会发现自己成了他人眼中的优秀榜样。

你不会以自己的身份或档案（或我们在第一部分所做的其他工作）逼迫他人听你发号施令，但你会像所有优秀的外勤特工和站长一样，把你发现的关于自己的东西整合到你生活的各个领域。

接纳真实的自己

身份驱动型领导力风格需要展现出你对如何完成任务持有的标准、期望和偏好。如果别人对你的标准、期望和偏好的评价是愚蠢、过分或是无关紧要，这都不重要，因为只有你清楚自己在意什么。正因如此，在工作（和生活）中接受与自己的身份驱动型领导力领域相关的东西并提出自己的需求十分重要。

不再回避真实的自己，提出自己的需求，这让每个人的生活都变得更轻松了。我要求助理在他们为我准备的演示文稿中使用特定的字体，或者用项目符号将信息分层，而不是直接发给我整个文本。我要求客户履行某些"合作规矩"（准时到场，在我们开会前以某种方式做好准备等），这样他们也能从我这里得到最好的服务，并从我们会面的时间中获得最多的回报。而在家里，我要求我的伴侣为晚餐做特定的几个菜，或者带孩子们去外面玩几个小时，因为我需要自己安静一段时间。我提出要求时温和有礼，要求也非常具体。我是不是看起来非常强势，或者做事太果断？

因为在我看来，明确提出我们对他人的期望或要求，要比被动地等待他人满足自己效果更好。如果某件事情对我们而言十分重要，那么我们就应该表露这一点。这只是一种更简单的生活方式。如果去一家新的餐厅，你不会期望服务员能凭直觉就知道你想点什么菜，那么你为什么会在干系更大的情况下期望自己的伴侣、客户、供应商、同事能看透你的心呢？

你只需表露自己的需求，确切地说是你希望怎样实现自己的需求，省去别人揣测你心意的时间。具体说明哪些指令必须执行，哪些指令可以在一般参数内变通执行。这并不意味着你总能得偿所愿，但这样至少可以消除他人误解的可能性。这样一来，任何不符合你要求的结果都是由于执行失败而非沟通失败（假设你已经给出了清晰明确的指示，避免了他人理解有误）。

担任领导意味着承担责任。如果你明确地表述了自己的要求，你便承担了最终的责任，也使得他人避免因不明要求或者糊里糊涂地就背上办事不力的罪名（故意搞砸事情就是另一回事了）。清晰、精确的指示可以帮助接受指示的人获得成功、规避失败。

因此，如果你在意什么、想要什么，如果你有某种行事方式、某种想坚持的标准，不要感到尴尬，也不要故意隐瞒。接纳真实的自己，提出你的要求。

如果你希望自己的联合创始人承担更多由你负责的烦琐的管理工作，那就请他承担更多，并具体说明他需要牵头做什么。如果你希望自己的另一半承担更多家务，让你空出时间发展自己的业务，那就请他承担更多，并具体说明你们的新分工。如果你想让自己的记账员每月向你发送损益表，以便你在黄金时段内查看，那就直接告诉他，并具体说明你希望他标明重点信息。如果你想要什么，但不确定它是否存在，就去问问谷歌。提出你的要求，而且要具体。你在第一部分构建的情境意识和个人能量图将帮助你更具体地了解自己的需求和愿望，所以在你与他人提出你的需求时也要说得更具体一些。

你提出的要求越多，收获的就越多（生活就是一场数字游戏），你会发现，成为出色的领导者、合作伙伴或称职的家长，并不是要考验别人是否能够读懂你的想法，而是要给他们提供工具和指示，让他们不必揣测你的心意也能成功。

上级指令

很少有人鼓励我们直言不讳。尽管日常生活不是间谍片的素材，但我们总是将人与人之间的互动视为一场无休止的游戏，布满了诡计、密码、谜团和谜语。所以我下了这个指令：你需要练习有话直说。但不要"唯我独尊"——要么听我的，要么滚蛋——你可以把话说清楚。跟周围的人解释清楚，让他们了解你的行事方式，允许他们在你面前也畅所欲言。我会和你开门见山，你也可以对我直来直去。

在我表露了自己的期望、需求和标准之后，身边的每个人都因此受益，因为他们不再需要揣测我的心意，或是踮着脚尖害怕踩到我的"雷区"。因为我已经给了他们"地图"，所以他们知道我的期望。反过来，我也告诉他们自己能够给予他们什么回报。

因此，对你周围的人要真实、诚挚——同样，不要太过霸道——并邀请他们以同样真实、诚挚的态度对待你。顺便说一句，任何一方都不必须接受他们所听到的或被要求遵守的内容，每个人都可以利用共享的信息就如何或者是否继续发展这段关系做出明智的决定。

践行你的价值观

在你敢于向他人表露自己真实而具体的需求和愿望之后，让我们再深入一点，真实地了解你更大范围的需求和愿望，即你的价值观。因为要以有意义的方式成为领导者——即使"只是"自己生活中的领导者——你就必须做于你而言重要的事情，并确保你所在意的事情和你所做的事情之间保持一致。

在中情局工作时，我们推崇的一个价值观便是"向权力说真话"。这不仅仅是贴在墙上的漂亮话，也是我们所有人每天都要践行的原则，无论事情大小皆是如此。有时，这意味着反对上司的意见；有时，这意味着告诉美国总统某项政策不起作用；有时，这意味着指出一位将军他的参考指标有误。我们不是扔下"真相炸弹"就走人。我们会用有力的证据来支持我们所说的真相。

这让人很不舒服、很尴尬，有时还很可怕，但是有一种积极的"坦诚"文化，即了解真相，让真相给予你自由，即使真相会伤害你。当然，有的时候我们对这项价值观的践行并不完美甚至很混乱，但我们还是做到了。我们个人的价值观也是这样——必须践行，只有践行了的价值观才算得上真正的价值观，无论效果如何。

如果我们说自己看重家庭，但自己整天都在工作（即使我们喜欢和看重这项工作），只在睡觉和吃饭的时候出现，同时又一直在刷手机，那就不是在践行我们的价值观。这不是我们想要的。

如果我们说自己注重健康，但对所有的垃圾食品来者不拒，因为我们忙于其他事情，无法亲自下厨或订份像样的外卖，那就不是在践行我们的价值观。这不是我们想要的。

如果我们说自己讲究诚信，但偷工减料或者做事半途而废，因为我们不愿意全力以赴，那就不是在践行我们的价值观。这不是我们想要的。

如果我们说爱惜自己，但不照顾自己的健康，不去看医生，不为自己投资，不维护自己，不及时叫停我们对于自己的外貌或表现的挑剔，那就不是在践行我们的价值观。这不是我们想要的。

我们不能只说自己看重家庭、注重健康、讲究诚信、爱惜自己，却活得截然不同。我们不该如此心口不一。要么坦然地接受自己的生活方式，直言我们真的很在意自己的工作，离不开垃圾食品，想要敷衍了事，无所谓糟蹋自己的健康，要么就改变自己的行为，践行我们理想的价值观。

我们常常把价值观这种无形的东西过度复杂化，但如果我们说自己在意什么，那么在日常生活中就应该说到做到。就这么简单。

因此，在培养领导力的过程中要对自己的价值观进行评估。仔细阅读你的背景故事、你的使命，以及你开始外化的所有正面的内在内容，然后进行调整。确定你真正在意的是什么（我在意的是家庭、奉献、创造力和好奇心——这些价值观对我来说十分重要，甚至还出现在了我的婚姻誓言中），然后将这份清单与你每天的生活方式进行对比。哪里是一致的？哪里有脱节？一旦你确定了在哪些方面践行了自己的价值观，哪些方面没有践行自己的价值观，你就可以制订行动计划来弥补差距，或是践行你的价值观，并更频繁地（最好是一直）做你在意的事情。

几年前我做过一次严格的清算，当时我意识到我平均每周只做一次运动，但我一直告诉自己我很重视健康。真是心口不一啊。因此，我调整了自己的习惯：开始好好吃饭，吃天然食品而不是超加工食品 ❶；更加定期地去健身房，并跟踪自己

---

❶ 指在已经加工过的食品基础上再加工的食品，通常含有多种人工添加剂。更多知识见《超加工人群：为什么有些食物让人一吃就停不下来》，中国科学技术出版社，2024 年 9 月出版。——编者注

的锻炼统计数据，这样我就不会自欺欺人。只有在我按照自己的价值观重新调整行动，使之一致之后，我才重新树立了"健康状况良好"的价值观（另一个办法是选择接受"健康状况不佳"，因为我以前一直如此，但这个选择根本不可行）。

所以要自我检查，然后自我纠正。身份驱动型领导力意味着成为完整的自我，如果你在实践自己的价值观时漏洞百出，你就不可能做到这一点。

应对忧虑和压力

成为完整的自我，详细了解我们是谁以及我们该如何行动，这可能会让人感到恐惧、压力和不适。我们中有些人（也许是我们所有人）——会想到各种形式的灾难、对抗和动荡，在我们深思熟虑地按照自己的身份生活之后，这些状况都会随之发生。但是，与其放任自己胡思乱想，不如像真正的特工一样，安抚繁杂的思绪：**进行情境演习**。

在被派往战区之前，我必须接受数周训练，为各种可怕的情境做好准备：遭遇猛烈的炮火，被绑架，被追车，处理不同部位的致命伤口。我必须进行演习，这样我自己和教官就会知道我会如何应对这些情境，借此帮助我克服遭遇突发状况时的大脑宕机。

我清楚地记得我们在夜深人静时进行的一次演习。我在一个边防关卡被持枪的"恐怖分子"拦住。没有封锁，没有障碍，只有两个戴着阿拉伯头巾的人对我大喊大叫，在空中挥舞着步枪。我坐在驾驶座上，教官坐在我旁边，我那辆功能齐全的汽车嗡嗡作响。而我做了什么？我把车开到了边防关卡，愣住了。那些装扮成恐怖分子的人对我大喊大叫。他们打开我的车门，他们把手伸进车里，把我的车停在停车场，我仍然一动不动。他们把我的安全带解开，把我从座位上拉下来，把我摔在车身上，我仍然僵着。他们虚扣扳机。"你死了。"其中一人在我耳边说。然后他便放我溜回了车里。

如果这是在战场上，我可能已经被绑架或杀害了。保住性命与落入恐怖分子魔掌之间的距离就是刹车踏板和油门之间的距离。我的车挂了挡，但我的大脑没有（用情境意识的术语来讲，我陷入了"黑色的震惊状态"），这个教训让我永生难忘。针对你所担忧的情境进行演习十分有效，这就是原因：你可以测试自己在利害关系可以忽略不计时如何应对，从而在这种情境真实发生时做得更好。

打个比方，你害怕与你的联合创始人谈论你具体需要他做什么，以便你能以最佳状态行动并发展公司。你在辛勤工作，他却一直在搭你的便车，你需要他在某些方面有所提高，这样公司会有很大起色。但是，坦诚地说出你的需求以及你希望他做出什么改变会引起……这一开始只会引起你对于打破现状和打开"潘多拉魔盒"时隐约的焦虑感。所以，你需要针对这些情境进行演习。

想象一下，你的联合创始人暴跳如雷，因为你质疑他的承诺而大呼小叫，你觉得他会掀翻桌子，摔碎电脑。在你的脑海中，你会以倾听来回应他的叫嚷，用数据来反驳他的否认。想一想，在他说完这些话之后你会说些什么。一旦他平静下来，你就计划召开后续会议。你要公事公办，不要把这当成自己的私事，并向他寻求解决问题的思路和解决方案。

你要做好准备，以防他提出辞职或是要求你辞职。你也要演习一下这种可能性。如果你们中的一个人不得不离开，会发生什么？如果你的要求使得自己的联合创始人出走了，你需要做一些事，而出于某些原因，这有利于长远发展。或者，如果他让你离开了公司，你会得到一笔钱，并且可以用它做某事。

对于你设想的所有灾难，你设想的所有令人忧虑的结果，所有潜在的问题，你都要想出一个计划，一个解决方案，一个你可以采取的行动。你与所有潜在的可能性和平相处——即使你不确定哪个真的会发生——但你现在知道了自己会如何处理每个情境。在多次演习之后，你已经对所有的灾难情境了如指掌。忧虑曾经像一团神秘莫测的乌云笼罩在你的头上，让你在清醒的每一刻都禁不住忧虑，消耗你的生命力。慢慢地，这些忧虑现在终于得到了它应有的关注——你不再关注它。因为现在你发现，你害怕的情境其实并没有那么可怕。潜在的灾难有了清晰的解决方案，你心中的恐惧荡然无存，你已经向自己证明，即使最坏的情况发生你也能够应对。你会继续前进。

嘿，看看你是怎么掌控自己的忧虑的！你现在意识到，你所要做的一切——当你面对大大小小的忧虑或压力时，你所需要做的一切就是给这场抽象的灾难一个具体的形式，并针对每场灾难演习解决方案。然后，将你之前倾注在忧虑上的所有时间和精力重新集中到寻找解决方案和计划行动上，以减轻每个特定情境的灾难性。

在现实生活中，你会和你的联合创始人进行艰难的沟通。但你并不担心，因为你知道在自己以往最恐惧的情境中该怎么做。

忧虑和压力总是潜伏着。但是，你没有蜷缩在角落里，闭上眼睛，僵在原地（陷入"黑色的震惊状态"）——你重新控制了局面。你带领自己和周围的人度过了一段忧虑的时光，从各个角度努力应对潜在的灾难情境，并进行针对演习，直到找到一系列可实施的具体行动来应对它们。你把那些忧虑和压力推到了你曾经想要隐藏的角落。

每当你不再让担忧和压力消耗自己，每当你专注于自己能控制的事情并提出解决方案，每当你在面对恐惧时不至于呆若木鸡，你都会收获更多信心来应对下一个挑战，或者更多的难题。因为自信并不是与生俱来的，厄运也不是无法摆脱的。通过克服困难和情境演习，我们可以处理解决这些棘手的难题。

希望你永远都不需要面对恐怖分子（不管是真实的还是伪装的），但是现在你知道了如何面对自己的恐惧，掌控它们，消灭它们。

调整你的内部行动

如果你将刚刚学会的演习技巧应用于调整那些对你或你的任务不起作用的行为模式，它们会发挥更大的作用。

在我人生的大部分时间里，我一直非常没有耐心。我把原因归结于：我是个纽约人（"大城市的女孩没有时间可以浪费"）；我的父亲（"我继承了暴脾气DNA"）；不可避免（"我就是个没有耐心的人"）。我是一个生性活跃的人，但请注意，这和缺乏耐心没有任何关系，因为我一直就是这样的人，但问题是我不想这么急躁。我很容易被激怒，这让人精疲力竭。我想要改变这种行为模式。

于是我进行了深刻的反思。我决定做一个实验，问了自己两个重要的问题：如果没有耐心并不是我的性格缺陷，而只是个习惯呢？如果这只是个习惯，我能把它变成一个积极的习惯吗？

就在我思考这两个问题并尝试提出解决方案的时候，我想到了一个方法来调整自己的内部行动，并对我早已习惯了的"做事急躁"的习惯产生出厌恶感，我把它归纳为调整行为模式（RESET）：

R：我回顾了我的合理化建议（rationalization）。我一直告诉自己做事急躁是不可避免的，真的是这样吗？还是这只是我在生活中逐渐养成的习惯？我认为答案是后者，因为我是自己生活的驾驶员，不是乘客，因此只要我愿意，我可以将自己朝着不同的、更好的方向驾驶。所以我决定……

E：**寻找一个新的范例**（exemplar）。我想展现出什么样的行为？嗯，我想为处理挫折树立一个不同的范例。我不想做事急躁，我要树立从容不迫的范例。

S：**我对新的范例在现实世界中会是什么样子进行了情境演习**（scenario-rehearse）。我演习的情境包括客户服务无法解决问题，排队慢（各种形式的慢），与所爱之人的一触即发的对话，以及各种潜在的刺激因素。在我通常开始变得烦躁或是很戒备的关键时刻，我会做一次（或十次）深呼吸，避免争吵，默念自己的最终目标（解决问题、购买杂货、按时赴约、与家人保持良好的关系等），然后以耐心和平静的态度继续做事。

E：然后，当我下次发现自己处于一个令人恼火的场景时，我就会执行我演习过的行为，在现实生活中**锻炼**（exercise）新的习惯。

T：**在开始执行和锻炼时，我根据需要进行了调整**（tweaks）（例如，我发现在与我们爱的人进行激烈的交谈时，离开房间比待在那里和深呼吸要好得多），并不断调整，直到⋯⋯

嘿，怎么样！我变得有耐心了。

好吧，我知道这听起来简单得不像话，但调整行为模式却远非如此。这很简单，但并不容易。需要实践、练习和坚持。有些时候，我在保持镇静方面是教科书式的，可在其他时候我就不是这样了。但我一直在努力，并且一直在进步。我知道有了足够的练习，加以坚持，我会养成做事耐心的习惯，就像从前做事急躁的习惯一样。我必须坚持下去，你也是。

　　我不是心理学家或精神病学家，在心理学领域算不上专家，手里也没有相关学位和证书，所以我所说的并不是专业的医学建议，不是说针对这些行为问题一定要这样做（我知道你对此心知肚明，但我在中情局的工作让我深刻认识到不要做假设，所以我还是直截了当地告诉你比较好）。这是个方法，你至少可以用它来控制一些你曾经认为无法控制的事情。

　　如果我们能控制一些事情——行为就是其中之一——那么让我们试着去控制它、调整它，甚至掌控它，告别过去那个束手无策、坐以待毙的自己。

关键情报

- "身份驱动型领导力"指的就是认清自己，坦率地向他人介绍真实的自己，践行自己的价值观，像一个手段强硬的领导者一样处理担忧和压力。

- 如果你发现自己陷入了焦虑或担忧中，那就针对你能想象到的所有具体（或相关的）灾难进行演习。将精力集中在规划如何减轻或处理每个特定的问题上。

- 调整行为模式需要练习和坚持，但你可以改变对你无益的行为；DNA 不是命运。

- 你是自己生活的老板，你决定了自己该如何生活，不要被生活掌控。

第六章 ｜ 战争游戏

案卷：专注于你的使命

我自小就受家族智慧熏陶，父母还有和我们一起生活的祖父母、外祖父母几乎每天都会说些充满大智慧的格言警句（在古吉拉特语中叫作 "kahevat"），有些是古吉拉特语的古老格言。我最喜欢的一句是："Khakhra ni khiskoli sakar no swaad sujaane？" 大致可以翻译为："只会吃寡味的饼干度日的松鼠怎么会懂得欣赏糖的美味呢？" 或者，说得更直白些，就是说有些人没有品位。还有一些警句则是我们家族的原创。

我清楚地记得，有一天我们开车去学校，经过了一幢豪宅，有人满怀憧憬，我父亲说，我们都应该努力"过绝对的生活，而不是相对的生活"。父亲的这句话陪伴了我几十年。

我们中有许多人似乎如果不跟他人做比较就无法判断自己的生活水平或真实感受。有的人因为自己的结婚对象比朋友的结婚对象优秀而沾沾自喜（但他们在婚姻中真的幸福吗），有的人因为自己的薪水比同龄人更高而洋洋得意（但每周工作 100 个小时值得吗）。我们被卷入了各种形式的物质争夺战，因为我们想拥有比周围人更好的车子、更大的房子、更贵的衣服（但我们是否要为了这些东西而负债累累呢）。我们细细品味与他人比较之后的感受，却不询问自己内心的感受。我们用外部信号影响内在情绪。

我们在学校和工作中也是这样。除非有人给予肯定，否则我们不会对自己的表现感到满意。除非有人奖励我们一颗小星星，不然我们不会为自己感到骄傲。有这样一段对话，有人问："如果没有人告诉你，你做得很好，你怎么能知道自己做得很好？"对方的回答简直让我这个渴求表彰的人醍醐灌顶："我就是知道。"后面还跟着核弹蘑菇云和头部爆炸的表情符号。

朋友们，向外部寻求验证如同瘟疫。与他人做比较也许是一种本能，但正如我们在上一章中证明过的那样，某些事情貌似是我们自身不可避免的（或是人类不可避免的），但这并不意味着必须如此。我们可以选择不在生活中对周围环境保持警惕；我知道这一点，因为这是我的选择。在本章中，我们将学习如何像我父亲所说的那样，学会过一种安心专注于自己使命的绝对生活，而非专注于他人的相对生活。

就像在中情局一样，在生活中倘若不能专注于自己的使命，后果不堪设想，会分散注意力，极具破坏性。在商业中，过于关注竞争对手会让我们偏离轨道，把公司变成其他公司的拙劣复制品。无论何时，我们做任何事情，尤其是像我们的使命这样有意义的事情，都很容易患上我所说的"比较症"。因此在本章中，我们将讨论如何让你（重新）专注于自己的重要事项，不再在意别人在做什么。

我们会帮助你学会面对外界和内心的批评时如何保持头脑清醒，并向"使命征程"宣战——这是人们做事情时比较持久的动力。我将用工具武装你，帮助你在面临诱惑和干扰时恢复专注，这样就没有任何东西、任何人——哪怕是你自己——能够阻止你继续追寻自己的使命。

装备起来，赶快出发吧。

比较：头号公敌

许多年前，那时我还处于一次创业的早期阶段。我记得有一天我时而专注，时而狂躁，真是难忘的疯狂的一天。而当我停下脚步，试图弄清楚自己为什么会如此狂躁，我意识到自己失控的原因是忽略了自己最重要的一条规则：我整天都在拿自己和一个亲密的朋友做比较，而这个朋友的生意最近出现了爆炸性的增长。现在，想到这个朋友已经不会影响到我了。他天资聪颖、慷慨大方、勤奋努力，他所有的成就都是他应得的。可时不时地，我的"比较症"就会发作，这时我就不得不强迫自己多念几遍父亲的警句：过绝对的生活，而不是相对的生活。

我想明白了。有动力、有野心、想做大事——尤其是现在你已经发现了自己的使命，或者至少已经承诺要寻找自己的使命——这些会不可避免地促使我们所有人尽可能努力奋斗。在所有这些努力、奋斗和探索的过程中，我们开始环顾四周——寻找灵感、最佳措施、标准、支持等所有有益于行动的东西——有时，我们这么做仅仅是因为与他人做比较是我们用来衡量自己的方式。我知道这是怎么回事。

但问题在于，这种比较充其量只是名义上的启发，而在最坏的情况下，做比较会令人一蹶不振。会有多少人会把一个刚学会走路的孩子和杰西卡·恩尼斯-希尔（Jessica Ennis-Hill）这样的世界级运动员相提并论呢？这看起来太愚蠢了。然而，我们将自己的事业或生活与他人的事业或生活进行比较又何尝不是一种愚蠢的行为？我们比较的对象是明天的他们和今天的自己。我们对自己第一年努力的收获感到沮丧，因为我们选择的对照组是别人十年的积累。我们四处张望，忘记了自己看到的只是别人的收获（或是他们精心挑选后在社交媒体上发布的信息），却没有看到他们的付出。但我们还是在继续进行这种无谓的比较。

因此，每当你发现自己的"比较症"发作了，就按下面的方法缓解它，不要让它更加严重：

（1）**将苹果树与苹果树进行比较。**你的第一年、第二年或第三年必然会与别人的第六年、第七年或第八年有所不同。即使你在同一阶段进行比较，他们的第一年仍可能与你的很不一样。（他们和你是在同一个行业吗？你们拥有相同的资源吗？你也投入了同样多的资金吗？你也有同样充沛的精力吗？你们是否承担了同等的与自己使命无关的责任？）没有两棵苹果树是完全一样的，所以要认识到你和别人在哪些方面有相似之处，但也要欣然接受存在不同之处。

（2）**从他们的所作所为中汲取经验。**与其被嫉妒麻痹，不如试着研究、分析你所看到的更成功的企业、人士或人际关系，试着理解他们是如何取得成功的。了解他们，购买他们的传记，听他们的播客，或者直接询问他们，这取决于你正在与谁或与什么人进行比较。一旦发现了他们的成功秘籍，你就可以应用和调整与自己相关的经验教训。让嫉妒成为你学习和进步的催化剂！

（3）**想想你取得了什么成就。**人类总是出奇地缺乏自信，所以每当听到"做比较"这个恶魔在你耳边低语时，一定要回想自己已经走了多远，提醒自己你已经成长了多少。将今天的自己与几个月前（或是几个小时前）的自己进行比较，承认自己已经成长和变得更优秀了。

（4）**记住，每个人的成功之路都不一样。**我们的时间、精力、情感和能力不同。作为一位精力充沛的、两个孩子的母亲，我既和庞大的家庭保持密切的关系，同时又经营了两家企业，为其他领导者和企业家提供建议，并努力保持健康，同时以不同的方式为世界做出贡献——我的生活和事业不可避免地跟其他单身或更年轻或对时间有不同要求的人有所不同，发展的速度也不同。通往成功的道路有很多种，你的成功之路可能与别人的不同，这也是不可避免的。

（5）**尽情享受能让你微笑的小事。**对我来说，这样的小事可以是阅读关于美国国家航空航天局的文章（我们的宇宙如此神奇，令人难以置信），听我女儿唱《海洋奇缘》的主题曲（这首歌真的让我像看烟花表演一样心潮澎湃），或者冲一杯新鲜的炉顶咖啡（准备的仪式是如此令人满意）。沉浸在微小的乐趣中是一种很好的模式突破，微笑是消除比较的终极方法。

（6）**说出你的"病情"。**与某人交谈，把它写下来，或者和你的行动团队聊一聊。说出你觉得自己在哪里落后于他人，这会让你发现你在哪里没有落后于他人。询问其他人的意见，请他们分享自己的经历。我们是对自己最苛刻的评判者，与他人交谈或记录自己的想法往往能帮助我们找到新的视角。到最后，无论你是谁，或者你爬得有多"高"，总会有人"高于"或"低于"你所在的位置；有人比你拥有的更多，有人比你拥有的更少；有人在某方面比你更好，有人在某方面比你更差。这就是生活，这就是新的视角。

这并不容易。追求你所定义的成功，做你自己，专注于你的使命——在此过程中你总是会遇到恶魔在耳边低语，难以避免疑虑和沮丧（是的，即使对于那些看起来一切都很好、看起来很轻松的人而言也是如此；你会惊讶地发现，有很多领导者都觉得自己不属于高层）。但你正在做一些事情——一些某种意义上而言的大事，用你自己的方式。

并非所有人都能位列《财富》500强或创办独角兽企业，

也并非所有人都能获得行业奖项或是登上商业杂志的专题报道，也并非所有人都会生活（或是向往生活）在豪宅里。这都没关系。当然了。

但是，无论我们选择哪条赛道，在竭力攀登顶峰的过程中我们都将取得更多的成就，成为更优秀的人。

应对来自内心和外界的批评

（首先要讲外界的批评……）

"专注于自己的赛道"是一句有趣的咒语，在它的帮助下，许多运动员、首席执行官、发明家和几乎任何领域的成功人士得以专注于自己的使命，没有因他人的胡言乱语或外界的嘈杂而分神。但有时这种嘈杂会变得难以忽视，因为它会针对个人，令人厌恶，甚至带有威胁性。有时，即使我们安然置身于自己高度专注的以使命为中心的防护罩中，他人对我们的仇恨也会破坏我们内心的保护罩。有时，我们会被卷入与"非法法庭"的舆论斗争之中。

经验告诉了我这一点。我身上发生过很多荒唐至极的事。我收到过不堪的恶意邮件，与"性"相关的攻击性信息，还有人威胁要毁了我的职业声誉，说我"背叛了祖国"——因为我邀请了网友参加网络研讨会。是的，网络研讨会。这种事情在女性身上频频发生，尤其是当我们走到聚光灯下，仗义执言，建功立业，寻求改变，"抛头露面"，而不是停滞在现状时。

仇恨和残忍在互联网的脉络中流动。如果我们被卷入这股暗潮中，总有人告诉我们要忽略这些，一笑置之，"放轻松"或者"学会开玩笑"。但在我看来，攻击性行为和幽默滑稽没有一丝关系。这种事情每次发生都会打乱我们的节奏，阻碍我们获得成功。然而，我们可以挑战这种观念——如果我们"太过"显眼、"太过"引人注目、"太过"出名、"太过"成功，"太过"这样，"太过"那样，我们就会遭遇匿名的仇恨（这就是我在第二章中提到过的"太多或不够多的问题"，又一次出现了）。我们可以公开抗议，也可以删除或忽略这种邮件和信息，或是做一些介于二者之间的事情。在我们周围人的支持下，在我们最重要的行动团队的支持下，我们可以做到这一点。

在收到那些充满仇恨的信息时，我不知所措，浑身颤抖，径直去那个强大的沃茨普三人群组寻求意见。我的朋友说，有人仇恨意味着我们变得更强大、更优秀了。而另一位朋友则给我发了一些有趣的视频。这些视频来自一个视频博主，他收到了一些充满仇恨言论的图片帖子，而他却把它们变成了一段强有力的、有洞察力的、诙谐的对话。

随着我们不断取得成功，随着我们的经验不断增长，随着我们不断探索进步并获取成就，总会不可避免地有人因为嫉妒而仇恨我们。但我们很幸运，生活在一个并不孤独的世界中。我们可以依靠自己的行动团队。我们可以求助于那些混蛋使用的相同的技术来寻找那些与我们有相同经历的人，团结众人，集结力量。我们可以找到自己的方式来清除在通往成功的道路上遇到的障碍。然后继续朝着目标前进。

成功总会滋生仇恨。但是，如果你变得更加成功，如果你更充分地以自己的身份生活，并与你的价值观保持一致，如果你成为这世上的仇恨者和唱反调者的靶子，无论你何时被击倒，都要记得切换成强硬人格，然后重新站起来。

因为那些人怎么说你、怎么想你都不关你的事，和你一点关系都没有。他们仇恨你是什么样的人，仇恨你追求自己在意的东西，他们过激的反应都与他们自身以及他们表达自我厌恶的需求有关。你只是碰巧成了他们的靶子。他们的仇恨不是针对你这个人的。他们也不是只对你释放仇恨。仇恨者令人不快，但又不可避免。

所以，继续坚持你的道路，继续追求你的使命，继续做你自己，继续发光发热吧。俗话说得好：成功才是最好的报复。

（……现在要讲讲内心的批评了）

很遗憾，有时最仇恨你的人就是你自己。有时你听到的最恶毒的声音就是你自己发出的。有时，最残忍地伤害你的人，正是你照镜子时镜面中盯着你的那个人。我们究竟做了什么才会这么对待自己？

好吧，亲爱的朋友，我从与自己的斗争中学会了一些保持头脑清醒的方法，下面这些是我为你总结的方法。

（1）**正视内心的恶魔**：不要假装批评的声音不存在，这样只会让它更加放肆。另外……

（2）**把它当作好奇心而不是批评**：不要因为有批判性的想法而自责，要对它们保持好奇。在工作中通常会有一些逆行的自我保护功能在起作用，所以要承认你内心的声音可能是善意的，但是……

（3）**记住，那个声音只是另一个声音**：倾听它，承认它，然后分析它。你所告诉自己的客观真实吗？它是否基于无偏见的数据？它是否认识到了你正在努力创造一个不受过去束缚的未来？与自己的团队成员一起理性地检查你内心的想法。他们可以帮助你重拾最重要的视角，让你重新振作起来。

（4）**证明那个声音说错了**：有许多人都喜欢反向操作（不，我不喜欢），所以你脑海里的声音可能会告诉你，你的所作所为很愚蠢，或者会引起灾难；它或许会质问你，你以为自己是谁，怎么可能在你这个年龄成为了不起的人物；它或许会质疑为什么你这样的出身会被选为首席执行官，诸如此类。努力完成以上所有步骤，然后集中精力证明它是错的。

（5）**为了其他人坚持下去**：如果这些方法都不奏效，那就为了其他人坚持下去吧。如果那个声音开始嘲笑你所有的失败之处，你将怎样失败，你将永远不会成怎样的人，或者你是个早晚要被揭穿的骗子，不配组织举办一场比赛，更不用说掌管一家全球公司了——这时就要切换到你的榜样人物身份。坚持下去，这样你的同事、学员、朋友或孩子就能看到你在坚持自己的追求，也让他们知道他们也可以坚持自己的追求。

攻克使命征程

除非你愿意采取亚里士多德的方法来避免批评——"什么都不当，什么都不做，什么都不说"——否则成为领导者，追寻自己的使命，真实地做自己，这些都需要你经常与外界和内心的批评作斗争。接受这个残酷的事实，然后还要面对另一个事实：无论你有多么了不起，想要成为最了不起的人就必须做出选择，而且做出这些选择往往十分艰难。

这个残酷的事实曾经让我备受折磨，因为我从内心深处坚定地认为自己是个执迷不悟的最大化主义者。我讨厌自己不能同时拥有一切，不能无处不在，不能完成所有的事情，不能成为所有人的一切。我花了很长很长时间来接受生活中必须做出取舍。但是，一旦我接受了，便也解脱了。

你可能会发现自己也遇到了这种情况。你假装自己不需要做取舍。你喜欢对每个人、每件事都说"是"——你真是太棒了！——然后发现自己已经无法完成重要的事情了。无论你如何尝试，无论你如何建立 H–L–L–H 分析表或是设计出完美的行动计划，你仍然会被牵扯到其他事情中——与你的首要使命毫无关系的东西。或者更糟糕的，是与你的许多次要任务有关的东西。

还在商学院的时候，我就知道我想自己创业。我从不缺少创业点子，常常迸发的灵感甚至让我应接不暇。"备份信用卡"（Divided Loyalties）是一款应用程序，它将会员卡数字化到一个界面中，每当用户靠近某个会员卡销售点时便会向他们发送提醒，用特别促销吸引他们。"你的生活故事"（Your Life Story）是一项定制的礼物服务，客户可以委托制作绘本故事书，讲述他们所爱之人的生活。"飞行泡沫"（Flying Suds）是一家非营利组织，该组织回收在机场安检处没收的违禁洗漱用品❶，并将其捐赠给当地的收容所。我的笔记本上写满了创业计划，每一天，我都会翻来覆去地琢磨每个点子，先研究第一个点子，然后为另一个点子写商业计划，再看第三个点子。一天又一天，我的想法停留在原地，无可奈何。一周又一周，我的冒险还停留在萌芽阶段，毫无道理。

后来有一天，我的搭档随口问我："你打算选择哪一个？"

哪一个？哪一个？选择？

把时间快进 10 年，猜猜这些创业点子有多少变成了现实。一个都没有。再猜猜我在它们身上花了多少时间和精力？同样，完全没有。但是我的确经营了两家公司。好吧，我会绕道到案例研究区，告诉你它们的特别之处。

在我的生活中，我曾与许多能干的人共事并为他们提供

---

❶ 乘客携带液体、凝胶状的洗漱用品，如洗发水、沐浴露、牙膏等，需要遵守航空公司的相关规定和容量限制。——编者注

建议。以下是我发现的那些成功人士（无论他们的成就有多大或多"小"）与那些只说不做的人之间的差异：

只说不做的人会花好几个小时看无聊的电视，追求看似轻松的生活，而成功人士在将自己的计划付诸行动，即使遇到最艰难的情况也会坚持下去。只说不做的人沉迷于浏览社交媒体，而成功人士则会有意识地阅读行业期刊。只说不做的人会花几个小时研究城市的热门餐厅，而成功人士则会花几个小时研究热门的导师和顾问。

另外，只说不做的人会抱怨要抓住机会有多么困难，机会是多么渺茫，而成功人士会创造解决方案，为前行另辟蹊径。只说不做的人咒骂为什么自己不能拥有一切，对现状不满，而成功人士清醒地知道在生活中必须做出取舍，他们最终会得偿所愿。

我想，看到这里可能会有一些人在翻白眼，认为这些假想的成功人士的生活听起来枯燥至极，但这就是问题所在：成人不自在，自在不成人。我撰写过的最具开创性的情报报告需要我们团队连续数月筛选数以万计的离散数据，最终才挖出了突破性的宝贵发现。爱迪生经历了很多次失败才最终发明出一种能够使用的灯泡。星巴克公司花了 16 年时间才将业务扩展到西雅图以外的地方。

成功需要时间。成功需要你投入大量的时间。这就是很多人都没有成功的原因。

我们中有多少人会在遇到第一个障碍之后继续努力呢，

更不用说后面还有九百九十九个障碍？我们中有多少人会如此投入、如此专注、如此自律，以至于在事成之后才意识到自己大功告成了，而不是时时刻刻痴想着成功？我们中有多少人能耐得住枯燥的一次次尝试，而不是寄希望于一步登天？

曾经，我几乎每天（有时是每个小时）都在摇摆不定，一方面知道自己需要持之以恒地做正确的事情（枯燥），另一方面又因为没有成果（成功）而绝望地举手投降。但是事情哪里会这么简单。任何事情的成功都需要经历长久的枯燥、千篇一律和专注（"坚持一条路直至成功"……不要三心二意）。并不是每个人都愿意忍受枯燥，重复同样的事情，或者保持专注。

我也面临过这个问题。我讨厌枯燥的事情。我想了一个又一个点子，就是因为想新点子很有趣，很诱人。但是为了想点子而想点子实在是毫无意义。后来我开始投入和专注，我才有所进步。十年后，我迎来了两次成功的创业，我可以肯定地告诉你，如果不是踏上了那条枯燥的道路，我就无法成功。我有一段时间都在做那些对我毫无吸引力的事情。我付出了成功所需的坚持和专注。

如果我能做到，那你也可以。即使坚持不是出自本能，你也可以致力于一个使命，一个愿景。即使你的内心排斥，你也能做自己该做的事。你不必变成一个机器人，但你必须做出选择。你不必放弃一切，但你必须做出取舍。有时候其中一种事情就是舍弃兴奋和多样，选择枯燥和专注。这就是生活，朋友们，我们都是成年人了。

也许，只是一种可能性，如果你能度过使命征程中最艰难的阶段，学会爱上专注和枯燥，即使它并不诱人，也不令人兴奋，成功也会注意到你，眷顾你，让你享受一生中最激动人心的时刻。

上级指令

对于那些还没有接受枯燥、专注或是做出选择的朋友，我要把话说清楚。如果你什么都想要，那你就会一事无成。（对首席执行官等领导者来说尤其如此，他们有太多选择要考虑，有太多决策要做）我知道，你可能会对千篇一律的生活感到恐惧，多样性是生活的调味品。但是意义就在于此。这里有一个实用的释放阀门，可以协调这两个相互竞争的现实。

使用你在第一部分中学到的技能（建立模型、H-L-L-H 分析表、行动计划等）来为你的多样性和分散注意力的需求创造界限。每天给自己一个小时，或每周给自己一天，或每两周给自己一个周末，或每六个月给自己一个星期，让自己在其他使命、想法、目标、愿景和相关领域中自由徜徉。

关键情报

- 比较症会让你无法完成使命，摧毁你的精神和意志。为了把它的影响降到最低，可以将苹果与苹果进行比较；从那些你与之做比较的人的所作所为中汲取经验；想想你所做过的令你自豪的事情；承认每个人的成功之路都不一样；做一些让你微笑的事情；说出你的"病情"，从别人那里获得客观的建议。

- 在追寻自己的使命并接纳真实的自己时，你会受到批评——有时是严厉的，也可能是不公正的。这是个普遍的现象，所以不要往心里去，也不要以此为借口停止前进。

- 对你最严厉的批评家可能就是你自己，所以你要正视内心的那个声音，带着好奇心善待它——但要记住，这只是一种观点，你可以证明它是错的。

- 如果你在面对内心或外界的批评时想要放弃自己的使命，那么不妨为了他人坚持下去；你永远不知道有谁会视你为榜样。

- 攻克使命征程会是你玩过的最艰难的一个战争游戏，但是如果你什么都想要，那你终将一事无成。专注（坚持一条路直至成功）才是正确的方法。

- 当然，也要给自己一些时间和空间去处理一些与使命无关的事情，但要为这些事情设定一个时间和空间的界限，这样就不会耽误你实现自己的使命。

第七章 | 不畏强权

案卷：三缄其口

在我的成长过程中，处处都是种族主义。人们会喊"回到你自己的国家去"，要求我们出示绿卡，问我们什么时候学会的英语，在商店里尾随我们——所有这些看似无足轻重的敌意都向我们表明："你不属于这里，我们盯着你呢。"

我们街区里有几十个孩子，我和兄弟们经常跟他们一起玩。我们这些孩子组成了一个有趣的小型联合国。其中一个白人男孩就常常戳着我的额头大喊"印度点"❶（没错，我后来才发现他对我有好感……）。

后来我长大了，这样的种族主义仍然无处不在：有一个白人男孩对我说，"在印度女孩里你长得还算不错"。有人给我介绍男朋友，我又得知在约会对象心目中，最有吸引力的棕色皮肤女孩儿是《阿拉丁》中的茉莉公主。同在足球队的一个女孩告诉我，我和"他们"（即其他的印度裔美国人）完全不同，她说这是一种夸奖。

---

❶ 即吉祥痣，印度妇女、小孩的点在额头的装饰。——译者注

117

虽然那时我感觉自己受了委屈，十分烦躁，但并没有站出来为自己说话。我退缩了，几乎从来都没有反击过。我有时也会站出来维护自己（或他人），可是我多么希望自己能够一直拥有挺身而出的勇气，毫无疑问，我做不到。因为当时我不知道自己能做什么，只能默默地承受着他人戴着有色眼镜对我指指点点。我想我需要得到许可才能站出来为自己说话。我想最好不要"小题大做"了，或许这样人们就会喜欢我，或者至少能够善意地接纳我。

不过我还是要说：这都是什么歪理？

因为如今我更加清楚，是我变得更优秀了。我知道，有时候应该打破既定的秩序；有时候"暴力"破门要比礼貌敲门更有效；有时候与其闭口不谈，不如直言不讳。

但我们必须选择要拿起武器加入哪一场战斗，不是所有战斗都值得我们投身其中。我们不需要每句话都说得剑拔弩张，而且并不是每件事都需要说出来。向强权说真话不是哗众取宠、高谈阔论、长篇大论。向强权说真话意味着根据我们眼前的使命选择正确的语言工具，只有通过谨慎的、战略性的选择才能有力、准确地发声。我的口号就是"选择你的战斗"。

向强权说真话是中情局的使命宣言，但在大多数正常情况下，我们说真话的本能在不断地遭受着破坏。我们不知道什么时候开口是"安全的"，什么时候开口是"危险的"，因此选择闭口不言，这有什么奇怪的吗？我们中有许多人选择保持沉默，而不是冒险开口，这有什么奇怪的吗？

但是一味保持沉默不是领导者的作风。我将帮你找回自己的声音，帮助你以自己的方式运用自己的声音，像真正的领导者一样——待人尊重但不一味顺从，专注于眼前的使命。有力而真实地发声，这需要你运用一些"艺术技巧"，所以我会教你一些基本技巧——演讲的艺术、请求的艺术和说"不"的艺术。只要勤加练习这些技巧，你会发现自己内心的声音在激荡、翻腾，随时准备好喷涌而出。

奠定基础：为什么沉默会带来安全感

在开始之前，让我们看看为什么保持沉默能带来安全感。我们每个人都有一个内部和外部相结合的信号矩阵，在它们共同的作用下我们做出保持沉默的选择。以下是我观察到的一些常常被忽视的信号（顺便说一下，下列内容并不详尽，所以你可以根据自己的实际情况添加）。

▶ **顺从文化**：世界各地的所有文化都会以某种方式、在不同程度上奖励顺从而非质疑。看看很多学校里的情况（学习知识成了强行灌输而非自由思考）；很多家庭中的情况（每当孩子们问起"为什么"时，得到的答案都是"听我的准没错"）；很多社会中的情况（公民不得参与规则的制定，却要受到这些规则的约束）。无论你生活在哪里，无论你来自哪个国家，有怎样的家庭背景，你都可能会因为顺从而受到奖励，因为提出疑问而遭受惩罚，这样的案例数不胜数。

▶ **家庭等级秩序：** 我们在很小的时候就从家庭环境中得知，在发表意见时，有的人有权发言，有的人无权发言；有的人会被否决，有的人不会被否决；有的人会被贬低，有的人不会被贬低。即使是在"现代"家庭，通常情况下，弟弟妹妹会被哥哥姐姐剥夺话语权，这种"压制"有时显而易见，有时是在暗地里发生的。因此，在我们成长的过程中，无论我们如何分辨，无论我们站在哪一边，我们都会接收到"某些人可以发表意见、某些人不能发表意见"的信号。因为在青春期的大部分时间里，我们对于这个世界的认知都是"非黑即白"的，所以我们常常简单地把它归纳为"要么全有，要么全无"。

▶ **生活在 21 世纪需要时刻保持警惕：** 不断有人提醒我们，我们生活的世界有多么惊悚可怕，我们需要时刻保持警惕。从飞机到公共汽车，再到任何规模的聚会，大多数日常和社交活动都被各种各样的警示带封锁着，让我们的大脑一直处于高度警惕状态。不断地审视我们的日常生活、寻找潜在的威胁，这势必会消耗我们宝贵的生命力和思维能力，而生命力和思维能力恰是我们发声的源泉。除了整天保持高度警惕，我们还必须将精力投入到工作、家庭、健康和其他许多事情中，因此我们几乎没有精力或脑力为自己说话也就不足为奇了。

▶ **我们内心的批评声音：** 是的，就是我们在上一章中交过手的那个对手。她在"自我苛责电台"全天坐班，全天播放《你以为你是谁》等歌曲。我们没有选择调到另一个电台，反而调高了这个台的音量。有时，我们沉浸在这些刺耳的歌曲里无法自拔。

所以我问你，这么多人为了自保而选择保持沉默，有什么奇怪的吗？

上级指令

对所有权力在握或是处于领导地位的人而言，你可能正在强势输出"保持沉默才能自保"的信息，所以这个指令是专门为你制定的（我警告过你，我们会进行一些艰难的对话）。

你是否注意到了自己在公司内部定下的基调，或者你是否把之前见过的领导视为原型，在模仿他们的领导风格？你是否有意识地制定了奖惩制度，还是在照搬以往的模式？在会议上，你是欢迎有挑战性的问题，还是让别人都闭嘴？你周围的人是阿谀奉承的马屁精还是独立的思考者？你是根据能力还是"听话程度"来提拔人才？

正视自己，然后改进需要改进的地方。你可以打破根深蒂固的顺从文化的基调。你可以进行艰难的对话，从中学习。你可以打破根深蒂固的啄食秩序。如果你愿

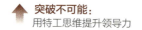
意，你可以做到所有这一切。因为你是老板。

所以，要像个老板一样行事，不要表现得像个自尊心作祟的可怜虫。把"体面光鲜"的责任交付给那些最有能力去执行这些任务的人，无论他们的资历如何……或者他人是否讨人喜欢。寻求真诚的反馈，不要惩罚那些提供反馈的人。征求与你自己的想法不一样的观点。你不必实施他们的建议或是提议——毕竟你才是老板——但你必须认识到，不是只有你能够想出好主意。优秀的领导者要学会倾听，即使别人所说的事实挑战了你的权威。顺从文化是懒惰的，但绝不简单。

所以要成为一个真正的领导者，学会倾听。不要剥夺别人说话的权利。

寻找你的声音

既然你已经知道了自己并不孤单——而且有一些强大的（也可能是微妙的）力量令你三缄其口——现在，让我们切换到你的老板身份，不要再沉默下去了。这个部分需要一些策略和技巧。你不能用扫帚作画，也不能用电锯建楼，所以我们需要确保一点：你要选择合适的工具，正确驾驭积极的能量，并且以正确的方式输送能量。

首先是驾驭。如果再遇到那种你通常会退缩的时刻，你要逼着自己开口，**调整**自己。想想所有你沉默不语的时刻。想想那些直到为时已晚才酝酿好的反击。想想你遇到过的那么多不公，那些事情有大有小，你一直听之任之。你否定了自己什么？你拒绝了别人什么？如果当时你说出了自己的想法，结果又会是怎样的？

留意这些痛点，想象一个不同的结局。在脑海中构想一个不同的结果，一个你站了出来，为自己或他人发声或辩护的结果。在日常生活中习惯发声——如果你愿意的话，也可以采用夸张风格——问问自己的心，为你在意的人和事发声是什么感觉。

然后**回顾一下你从前勇敢开口的时刻**。支持同事的点子，反击客户提出的可笑要求，纠正一个一直喊错你名字的老板（天哪，这些时刻太令人尴尬了），或是在董事会面前挺身而出。不管是什么事，不管事大事小，在生活中总有那么几次，你需要成为自己的英雄，将这种力量和经验注入你"敢于说真话"的身份中。

记住你勇敢开口**发声的原因**。你想要升职还是提升自己的职业生涯？你想要提升自己的团队还是发展业务？你想在人际关系中走出自己的舒适区吗？你想支持自己关心的某项事业吗？你想维护别人吗？你想推动变革吗？你想要分享一个绝妙的点子吗？诸如此类。发声并不意味着口头上的征讨，而是要利用你内心的力量，在最重要的时候说出对你重要的事情。

释放你的声音

在驾驭的过程中，你或许会发觉有一股能量在你体内的某个特定位置冒泡或者翻腾（以我为例，我会在胸前感受到这股能量，它在那里酝酿起了一个巨大的气泡），这简直完美！因为接下来我们将帮助你有力地、精准地释放这股能量，去做于你而言最重要的事情，同时你需要接受这一事实：你将不得不舍弃其他事情。记住，"选择你的战斗"是本章的口号（无论何时，倘若你处于必须考虑身体安全的情况下，请多留意你要选择的战斗）。有时你必须从一场战斗中战术性撤退才能赢得战争并活下来，去迎接新一天的战斗。

演讲的艺术

现在，也许你已经发现了自己在工作场合有话要说，但因为害怕一开口会显得很愚蠢而选择了沉默。而造化弄人，一位同事说出了你一直藏在心里的想法，一下子变成了大功臣，获得了众人的掌声。这算什么？

也许你参加过家庭聚会，桌上有人发表了不堪入耳的言论，你试图发声表示不满，但马上就被你大嗓门的长辈打断了。你没有再次尝试反驳，而是咽下了这口气，埋头吃饭。如果你一直沉默不语，你的心声就永远无法被别人听到。

不管是在职场还是在个人生活中，我们都有过这样的经历：想要或试图说些什么，却放弃了，或是因为别人的阻拦打了退堂鼓。想一想出现这种情况的时刻。这是你想要改变的事情吗？这是一场值得进行的战斗吗？是"工作之战"更重要还是"家庭之战"更重要？或者你在每个竞技场都有特定的战斗？选择权在你手中。

而在你做出选择之后，你可以：

▶ **关掉内心的批评噪声，勇敢开口**：我说的是关掉心里那个不断循环批评歌单的电台。把那些噪声关掉，你就可以开口说话了。这很容易，只要你……

▶ **准备和练习**：演练你想在下一次董事会上说的话，如果有人打断你，你会怎么做，大声说出来，切换合适的身份，准备好你需要的信息……然后反复练习。在这样做时，记得要**演练自己的表述，而不是演练自己的焦虑**。你越是在意什么就越是会得到什么。所以如果你在意的是自己的紧张情绪，你就会紧张；如果你在意的是自己的表述，你就能做一次不错的演讲。

▶ **战术性忽视**：我们将在第十一章中详细讨论这个问题，但现在，在战术上和战略上忽视你所处的环境。不要因为房间里的人有多么"重要"而感到紧张，也不要因为老板或重要客户的出现而感到紧张。忽视所有这些背景噪声，专注于你想要传达的信息。

▶ **从细节着手，降低风险**：如果你还没有准备好直接主持行业会议，那就从小事做起，朝着更高的方向努力。可以先在同事的告别派对上祝酒，在你妻子的生日聚会上做两分钟演讲，自告奋勇主持下一次会议。留意那些没有那么严肃的场合，那些你可以发言的场合，随着你变得更加自如和自信，你就可以做好准备主持行业会议了。

▶ **保持轻松**：请记住，你说的话没有那么重要。也许你说了些什么，反响不错，也许你说了些什么，却导致了冷场。或者，也许你说了些什么，得到了认可，每个人都继续前进；或者你说了些什么，却让自己出了丑。无论发生什么，都要保持清醒的头脑，继续前进。

▶ **做你自己**：使用适合自己的媒介工具，玩转不同的媒介手段。如果你不喜欢在会议上发表意见，那就把你想负责的工作写下来，在会议召开前用电子邮件发送给与会者。如果你害怕面对面交谈，那就通过与朋友进行角色扮演来解决这个问题。如果你是一个比较擅长临场发挥的人，就没有必要做太多准备（你知道自己的上限在哪里，可以恰到好处地把控现场）。如果你需要打电话谈论重要的事情，不妨写个草稿。释放自己的声音不一定意味着必须亲临现场，真的开口讲话。有时，一篇稿子、一封电子邮件、一封信或是一场精心排练的演讲就能解决问题。

但至关重要的是，无论你选择说什么，无论是在工作场合、家里，还是与朋友或同事一起，有一点必须记住：要根据当下的情况调整自己传递的信息和表达的方式。在中情局任职的生涯中，我有过很多汇报对象，包括总统、政策制定者、救援人员、特种作战部队、功勋将军、大使等。总体的信息和分析都是一样的，但是如何传递信息、讲述得具体还是粗略，我都会根据汇报对象本人关心和需要了解的内容，以及他们接收信息的最佳方式做出调整（奥巴马总统曾经要求我们以图形的形式呈现报告，我们便按照他的要求做了）。

演讲之所以能够成为一门艺术，是因为它要求你根据受众的变化调整传递信息的方式。所以，不要去找你的老板讨论加薪问题，也不要用演示文稿告诉你的合作伙伴度假的想法（除非你的合作对象是管理顾问——他们貌似很喜欢"甲板"这个词）。针对你的战斗目标选择合适的武器，记住，想要打动他们就必须说他们惯用的语言。

请求的艺术

如果你想要追求自己应得的或是渴望的东西，就需要具备更高水平的同理心和适应能力。假设你已经选择了自己的战斗，请求的艺术会要求你接受一个事实：你在很多情况下都会遭遇否定，这不可避免。生活就是一场数字游戏。所以，要做好遭受打击的准备，但同时也要充满美好的期待。

有时，哪怕你费尽心思地把信息总结得毫无纰漏，反复练习自己的讲稿，理清思路，完善了所有细节，你仍然会遭到责难。有时你可能会完成以上所有的准备工作，在完成演讲之前就得到了肯定。无论你的准备充分与否，总是会受到机会因素的影响（好日子、坏日子或是不好不坏的日子，都会影响到你能不能抓住机会），很难解释这究竟是为什么，令人抓狂却又不可思议。但是为了让你抓住获得肯定的最佳机会，你仍然必须做好准备：没有捷径。

我所说的准备，是指让你的请求不费吹灰之力便可以获得同意。了解你的汇报对象的想法，并以符合他们需求的方式提出你的请求，这样一来，"好的"就是唯一的回答。总而言之：了解你的目标。

如果你需要手下的经理向你汇报，以便提高他们日益下滑的业绩，那就在与他们谈话之前做好准备，调查清楚可能是什么原因导致他们业绩不佳。他们是否面临着技术难题、人事挑战、客户问题或者其他问题？或者考虑进行非正式的单独谈话（比如在喝咖啡或吃午饭的时候），以获得一些情报，这样你就能以一种可以激励他们的方式（职业声誉、对公司的贡献、对工作的自豪感等）向他们提出你的要求，而不是默认采用大呼小叫的老板模式，恐吓他们服从你的命令。

如果你想加薪，就向你的老板提出申请，但在谈话中要详细说明你为什么值得加薪，使用对方的语言进行解释。列出你为公司做的所有事情，无论是有形还是无形的，你的老板会面露喜色的。例如，让你的团队赚了更多的钱，或是让你的团队获得了行业奖项，并举出具体的例子，说明你是如何在满足所有晋升标准和业绩标准的基础上，一次又一次地为他和公司的发展做出了巨大的贡献。

如果你想说服自己的孩子吃蔬菜，那就为这次谈话做准备，提醒自己他在意什么：跑得比爸爸快，不用带着辅助轮骑自行车。然后提醒他，吃蔬菜可以使他更健康，使他有力气跑步、骑自行车。（这在我们的大女儿身上十分奏效！）

或者，如果你想说服自己的伴侣在近期陪你度假，那就搜索你选择的目的地附近有没有令人惊叹的餐馆、高尔夫球场、水疗中心或者任何对方喜欢的东西，举例说明他可以在这次度假中获得什么。如果你的伴侣喜欢抢购，可以找几个交易网站和最后一分钟报价网站抢购一些礼物，让他无法拒绝。

询问的艺术关乎他人，也关乎你自己。如果你能真心实意地帮助人们得到他们想要的东西，他们也就更有可能真心实意地帮助你得到你想要的东西。

即使你得到的答案仍然是"不"，请记住这个"不"只意味着"现在不"，而不是"永远都不，没得商量"（常识警告：请不要出于任何扭曲的目的曲解上文；一旦涉及性同意和个人安全界限问题，"不"就绝对意味着"不"）。我曾在第一次提出要求时被拒绝，但在第四次提出要求时得到了同意的答复。我曾在与一个人谈话时被拒绝，而在与同一公司的另一个人谈话时又得到了同意的答复。孩子们会凭直觉这样做：他们会问他们能够找到的所有成年人，直到找到一个愿意听他们话的人。而我们在工作和生活中也可以这样做，当然了，要以一种更加成熟的方式。

谈判——所有请求都是谈判——在你决心放弃时便会戛然而止。所以你要重整旗鼓，重新装填弹药，回到战场。采取一种实验性的方法。收集数据，看看哪些地方做得对，哪些地方导致自己吃了"闭门羹"。也许你在第五次甚至第五十次尝试时还没有得到你想要的结果，但每次尝试都会帮助你收集到有用的数据，可以用于重新调整你的策略，这才是明智的坚持。

不过在坚持不懈的同时请务必保持敏感和礼貌，千万不要成为一个总问烦人问题的人。太多的人在询问时都没有遵守基本的礼貌。他们变成了讨人嫌的麻烦。有的人会压榨你，无休止地寻求你的建议、支持和介绍等，然后坐享其成地等待你的帮助；或者他们向你寻求帮助，得到帮助后却从不道谢。这些人都很令人讨厌。

不要让这样的事情发生在你身上。如果你请求别人替你介绍生意，而你真的有幸得到了推荐，不要坐享其成。给你被介绍的人打个电话或发个电子邮件。如果你向别人寻求建议并且得到了建议，不要简单地把它放到自己的收藏夹里"吃灰"。充分利用信息，筛选有效信息，剔除无用信息，或者告知那些给你建议的人你利用他们分享的东西做了什么或计划做什么。当你向他人寻求帮助并得到了帮助时，不要认为这是理所当然的。如果可以的话，说声"谢谢"，回报对方。

当别人向你提出要求时，你也要表现出同样的敏感和礼貌。当你成了领导者，当你攀登到了所在行业的高峰，当你变得更加成功、更引人注目，这点会变得尤为重要，因为你曾经习以为常的几片雪花般的请求会突然变成一场暴风雪。这是意料之中的，但不要被过分压榨。坚守自己的界限，学会说"不"。

我们都提出过请求，也收到过别人的请求。我们都占用过别人的时间，也付出过自己的时间。我们都帮助过别人，也都接受过别人的帮助。这是不可避免的。

但是，能力越大，责任越大——不要成为一个总问烦人问题的人，不要让自己为了那些人而困扰。

上级指令

有一件事我可以很肯定地预测，那就是有些时候，或者说在将来会有些时候，你会怒火中烧地保持沉默，不说话，不发问，因为你把自己禁锢在自己的原则之中。"我的主意显然更好，我不应该为了让董事会接受我的提案而采取特定的表达方式。""我显然是晋升的最佳人选，我没有必要向我的老板证明这一点。""不是只有我才能为孩子安排聚会，我的伴侣应该做这件事。""我不应该为自己没有动过的食物或饮料付钱；我们应该吃多少东西付多少钱，而不是平分账单。"一次又一次，你总是自以为是，同时咒骂这个世界，因为那些东西显然是你应得的，别人却要求你解释、说服、证明、请求、陈述。

好吧，亲爱的朋友们，订婚戒指要放在精美的戒指盒里而不是用皱巴巴的报纸包裹，这是有原因的：包装很重要，传递机制很重要。如果你想从别人口中得到肯定的答案，如果你想提高自己得偿所愿的概率，你在请求的过程中就必须付出努力，并引起别人对这个提议的注意。这是生活、爱情和人类交际中的真理。所以你当然可以坚持自己的原则，但不要让它们成为你实现目标的障碍。

说 "不" 的艺术

我要坦白一件事：我是讨好型人格。我一直都是这样。在学校里，我是那个在老师提问之前，在椅子上跳来跳去，把手伸到空中回答问题的孩子。我是那个在权威人士的注视下茁壮成长的乖孩子。像其他孩子喜欢收集《小马宝莉》的玩偶一样，我喜欢在成绩单上收集"优秀"等级。这种讨好型人格从未在我身上完全消失。所以"不"对我而言一直都像一个诅咒的字眼。但是，所有无暇做重要事情的人（我们所有人都是如此——人生苦短）都要承认，学会拒绝是人生中需要掌握的一项最基本的技巧。

我们应允和拒绝的所有事情会对我们的生活、我们的幸福、我们的成功、我们的使命产生可衡量的影响。作为一个成年人——特别是身为首席执行官或领导者（或希望有朝一日会成为首席执行官或领导者）的成年人——需要学会说"不"，我们可以通过以下方式做到这一点，同时又不惹人讨厌：

（1）**设定界限**：我曾经花了一整天完成那些自己应允的事情，即使这些事情与我的核心使命或与任何对我来说重要的事情无关。我花了几个小时回复电子邮件（也就是其他人的计划安排），提供免费建议，查看其他创始人的电子表格等。我喜欢帮助别人，讨厌说"不"。但我很快意识到，我花在建设他人事业上的时间比花在建设自己事业上的时间还要多！因此，我设定了界限：我没有对所有随意的求助请求做出回应，而是大量输出免费内容（文章、油管网视频、网络研讨会等），这样我就可以帮到很多人，也不必回复每个人。我每年都会拨出一定的公益时间来支持一些新晋企业家，而不是把他们全部纳入我的麾下。我为自己的公益服务次数和频率设定了界限，所以我仍然可以给自己和自己的使命留出充足的时间。设定界限让我能够以一种可持续的方式慷慨助人，也不会让自己变得脆弱，不会被过度压榨，相信对你也是如此。所以要做出选择：应允他人多少事，多久一次，多少次，然后养成习惯。

（2）**遵循界限行事**：仅仅在嘴上说不会再回复陌生人的电子邮件，不再做超过 200 小时的公益服务，每年向你关注的慈善机构捐赠的金额不超过工资的 3%，这些还不够。你必须强制自己按照界限行事。这可能看起来比较棘手。你也许一不小心就会说出这种话："再多一个小时也无伤大雅。""这家伙的请求真的很难拒绝。"或"只是五块钱，这个理由真的很有说服力。"只要你想，借口应有尽有（我当然知道，因为我也有过这样的经历）。但与其寻找借口破坏你自己设下的界限，不如练习如何遵循它们。你不可能帮助、拯救或是招待所有人，试图这样做会削弱你的影响力。因此，一旦你确定了自己可以付出多少、多久，就要克制自己。寻求其他人的帮助（你的行动团队可以帮助你，确保你不会破坏自己设定的界限）。因为作为一个成年人，你必须开始行动。

（3）**接受做取舍**：每当我谈到说"不"和设定阈值时，人们总是会问我："但如果你错过了一个潜在的机会呢？""如果你拒绝的创业者最终建立了下一个亚马逊呢？"对此，我已经建立了信心，可以不慌不忙地反问："那又怎样？"这是你唯一需要做出的回应。生活中充满了取舍。接受它们，然后继续前进。

（4）**练习并整理出一个脚本**：就像生活中的大多数事情一样，优雅、委婉、真诚地练习说"不"。从小事做起，逐步提高。但要开始。为了防止自己退缩，请准备好一些脚本。倘若你不断收到来自行业内其他人费尽心思的请求，那么你可以起草一份电子邮件模板，这样一来下次收到类似的请求时你就不必再苦恼了（也许更好的做法是让你的助手来处理它，或者设置一个电子邮件自动回复）。如果你知道潜在客户会向你索要赠品，那就准备一份贵重的赠品（虽然贵重但不影响业务），附带价目表一同送出，表明如果他们真的想与你合作需要支付多少费用。如果你知道参与学校活动意味着你不得不拒绝 PTA 会议，那么可以在你猜到可能会收到学校运动会的邀请之时先写好婉拒的说辞。

说"不"并不一定是痛苦的。这可能需要时间来适应，可能需要你进行一些不舒服的对话，但你必须开始这样做。当你对一件事说"不"后，就能节省出时间和精力去对其他事情说"好的"。对自己说"好的"，对你在意的事情说"好的"。

上级指令

我在这里提出另一条指令，因为我知道你们中的许多人都很难拒绝别人。你想说"不"，也意识到了说"不"的必要性，但倘若真的这样说出口了还是会觉得自己是个自私的混蛋。所以我们要把一些事情说清楚：

（1）过于无私可能会让我们的生活失控。我们可能会被推到一个极端——内部或外部都有可能——在我们考虑自己之前，其他人是第一位的，其他一切都优先于我们自己的目标和抱负。这想法对于我们自己太过糟糕。

（2）自我牺牲没有什么高尚的，把自己的事情排在最后也不是什么值得尊敬的事情。我们必须先照顾好自己，而且（这是最难的部分）我们必须接受这一点。

这并不是说要自我牺牲或是成为一个"怪物"，而是要你自我充实，成为一个榜样。一个不会限制你内心最深处的梦想或规划，不会为了梦想或规划辩解的榜样。一个不会把内疚当成时尚宣言的榜样。一个不会满腹怨愤的榜样，不会废寝忘食地为了某件事或某个人奔波劳顿，根本无暇顾及自身。

　　航空业多年来一直在宣扬一个简单的道理：在帮别人戴上氧气罩之前先戴上自己的氧气罩。在我们生活中也是一样的道理。如果我们自己感到窒息就无法唤醒别人。如果我们精疲力竭就什么都做不了。我们无法从一个空杯子中倒出酒。我们根本不能——也不应该——把殉道和自我牺牲作为我们的首要行动。（反正不管怎样别人也会怪到我们头上，对吧，姑娘们？）

　　所以，我的指令是，在慷慨地装满别人的篮子之前先装满自己的篮子（按字面意思理解也可以，把这当成比喻也可以）。把你最好的东西献给自己，也献给世界。首先是自我满足，其次才是无私奉献。

关键情报

● 有一些强大的力量让我们认为保持沉默比开口更安全——坦然接受这些力量的存在，然后继续前进。

- 找到你的声音，回忆你沉默的时候，想想这对你来说是多么痛苦，设想一个不同的结果（如果你真的开口了会产生什么结果），想想你发声做好事的时候，记住那种感觉，记住你的力量，然后切换到那个身份，把你的声音作为处理重要事项的武器。

- 释放你的声音并不意味着对别人进行口头上的征讨，要有力、精准、合理选择你的战斗。

- 演讲的艺术要求你关掉"自我苛责电台"，在准备你要说的内容时要考虑到你的听众，采取战术性忽视策略，用一些不重要的、低风险的事情来练习，在从长计议的同时也要坚持自己。

- 请求的艺术关乎他人，也关乎你自己。采取实验性的方法，不断尝试不同的事情，从每次尝试中学习。坚持下去，直到你认为你已经完成了，但无论你做什么，不要（还是要重复一遍，不要）成为一个总是问烦人问题的人。

- 不要让你的原则阻碍你实现自己的目标。

- 说"不"的艺术可能最难掌握，但也可以说它是最重要的一项技巧。你仍然可以在不被压制的情况下慷慨大方。设定界限，遵循界限行事，接受必须做出的取舍，然后不断练习。

- 说到练习，你要练习的是充实自我，而不是丢掉自我。

第八章 | 任务出错

案卷：事情的意义

高中三年级结束时，我的学习成绩在班上名列前茅。只要我在最后一年继续拿 A，克服紧张的课业压力，我就可以在毕业典礼上作为毕业生代表致辞。我也的确做到了。我报了自己能参加的所有课程，课程表排得密密麻麻，参加了学校开设的所有大学水平的课程，每门课的成绩都是 A。

我最后还是在毕业典礼上做了演讲，却是作为第二名（对我而言这就相当于"倒数第一"）。我没能成为毕业生代表致辞，因此备受打击。

如果评判标准只是学习成绩的话，其他人的成绩都追不上我，所以我对此耿耿于怀。我认为这很不公正，我被学校针对了，他们剥夺了我应得的荣誉，而这个荣誉对我而言十分重要。在那之后的几年里，我的内心深处一直有一种"我无法得到我应得的东西，所以再努力又有什么意义"的情绪。不过时过境迁，我也成熟了（谢天谢地），我终于意识到，我们如何解释发生在我们身上的事情完全取决于我们自己。这些事情可能意味着一切，也可能什么都不是，或者介于二者之间，这取决于我们自己选择怎样讲述这个故事。

作为一个 17 岁的年轻人，我把没能成为毕业生代表致辞解释为世界对我的不公。但我本可以轻易地以一种轻描淡写的心态来看待这件事——我只是推进这个世界运行的一个数据点，但这个数据点与我自身或是我作为人类的固有价值无关。虽然当年我只是个孩子，但如今许多成年人也会有这种想法。

朋友们，在我们的事业、生活和人生使命中，许多事情不可避免地会"出错"，也许我们付出了最大的努力却无人关注，这与我们自身无关。投资者可能会做混账事，联合创始人可能会突然对公司不管不问，产品发布可能会失败，供应商可能会无视我们，团队成员可能会滥用我们的信任，合作伙伴可能会令我们失望，孩子们可能会把我们拒之门外。状况百出的现实可能会随意支配我们的时间表，左右我们的目标和梦想。但我们如何理解和解释这些事情完全取决于我们自己。我们可以用平常心对待这些事（它们只是生活中的正常部分），不往心里去，不把它们当成一次"注定的"失败。我们可以认为"那个人不适合我"，而不是"我注定无法拥有美好的爱情"；我们可以认为"那是一场灾难，但我会再试一次"，而不是"我注定无法成功，赚不到钱"；我们可以认为"可以趁这个机会休息一下"，而不是"我正在被摧毁"。

我并不是建议大家都要学会白日做梦，无论生活中发生什么都开脱自己的责任。恰恰相反，我的意思是，我们可以对于自己如何解释所发生的事情承担最终责任——无论是谁或是什么东西出了错——并在"坏"事降临时选择作何反应、有何理解。并非所有事情的意义都和我们赋予它的意义是一样的。有时候糟糕的事情就是会发生，不管这是不是我们"应得"的。

我们可以决定事情的意义。我们可以选择自暴自弃，让那些消极错误的想法摧毁我们的人生，但是也可以反其道而行之。当我们到达自己认可的高度时，我们可以选择内化（或者不内化）周围发生的一切。

我们都会在某些时候面临反作用力，这在所难免。但我们可以选择发起更加猛烈的反击。

你的使命在很多地方可能出错，而且在某些时刻，在某种程度上，它总会出错。中情局创造了"反作用力"（blowback）这个词，指的就是在每次秘密行动中几乎总是会发生意外或者我们不希望发生的后果。而在更加日常的情况中，这些后果也是在所难免的，但这一切都不重要，因为接下来你将经历心态的调整，学会处理所有找上你的麻烦。你将学会更猛烈地反击。

跟我们之前做过的所有准备工作一样，许多混乱和灾难来自我们的内部，你自己有时会成为破坏因素的总指挥。因此在接下来的内容中，我首先会帮你找到自己的路，帮你在遭遇失败后重新规划，并告诉你该如何处置自己的恐惧。在厘清思路之后，你可能会面临的外部威胁都会是小菜一碟，因为即使事情出了问题也无法阻止你飞速前进的步伐。

找到自己的路

聪明的人类设计出了许许多多方法来阻挠自己。我们要求自己做到完美，因此在理想的乌托邦将我们拒之门外时选择放弃。我们用自己"应该"做什么和事情"应该"怎样发展来加重自己的负担，然后在事与愿违时举手投降。我们亲手毁掉了自己和自己的使命，因为我们认为自己不够优秀，不够有价值，或者觉得这一切无法长久，我们认为自己年纪太大了，时间不多了，所以不想重新开始。我们设置了一个又一个障碍，把更多的精力用来思考放弃的理由，而不是全身心地投入行动。

我们中的许多人（也许是大多数人，也许是所有人）都有以上行为。因此，让我们打破你亲手设下的巨大心理障碍，消灭你在自己前行道路上安排的"破坏者"，并帮助你在任务出错时回到正轨。

内部破坏者一号：完美主义扼杀行动力

"如果你想把事情做好，就必须自己动手。"

完美主义者的信条。我喜欢这句话，因为我几乎可以百分百准确地猜到有多少人会整天在脑海中循环播放这些话。没有人能够像你一样有效地销售商品，没有人能够像你一样善于谈判，没有人能够像你一样起草一份电子邮件，没有人可以像你一样做午餐，没有人可以像你一样订购文具，没有人能够像你一样善于整理，也没有人能够像你一样把垃圾倒掉。你可以比其他人更好地完成这么多不同的任务，这难道不是很神奇吗？天哪，你一定很了不起！不是吗？

希望你能明白我的意思。希望你在阅读前面几行字的时候能够会心一笑，不仅仅是因为觉得这些话可笑，而是因为你可能意识到了自己思维方式中的一些愚蠢之处。

我明白。我们喜欢掌控一切，我们喜欢把事情做好，我们喜欢按自己的方式做事（我在第五章中写了一份同意书要求你这样做）。我们在某些事情上，甚至是在很多事情上的表现真的十分出色。但是我们在所有事情上都能表现完美吗？这有可能吗？我越想越觉得，自我标榜的完美主义其实是一种完全不同的东西：伪装后的懒惰和焦虑。

我来解释一下吧。我想我们首先可以达成一致，想在任何事情上都做到"完美"基本是不可能的，因为"完美"是主观的。在我眼里完美的东西在别人眼里可能很糟糕，而在别人眼里完美的东西在我看来可能存在严重的缺陷。完美的标准是由我们自己定义的，每个人的定义必然存在不同。

其次，完美主义经常被用作不做某事、不追求或者不开始完成我们的使命的借口："我建的网站永远不会像我想象中那样完美，所以不如不建"，"我的生意规模永远无法达到设想中那样大，所以我不打算开始""这幅壁画永远无法捕捉到我想要表达的一切，所以为什么还要费心去画它呢"。你或许会以完美主义为借口包揽一切，因为你不想把事情委派给别人，不想放弃你一直在做的事情，不想与同事或合作伙伴就他们该如何做出贡献或改进进行艰难的对话（我发现了，你一直在抵触我鼓励你做的所有艰难的事情）。

完美主义使你维持现状——你要么什么都不做，要么什么都做——而你的表现却是十分懒惰。完美主义使得你无法解决自己身上常常出现的毫无由来的焦虑。"我必须做到完美，否则永远不会有人买账""没有人能像我一样完美地执行我的规划""如果我不这样做，它就无法正确地完成"。现在，你是否知道这些完美主义的焦虑是如何阻碍你，让你陷入困境，破坏你的使命的了？

你认为奥巴马总统会为了减少浪费告诉白宫厨师该如何把土豆切丁吗？你认为萨拉·布雷克里（Sara Blakely）❶会亲自为 Spanx❷ 总部订购回形针，以防他们采购太多吗？你认为西蒙娜·拜尔斯（Simone Biles）❸会为了确保自己能搭乘最快的航班去参加世界锦标赛而花几个小时上网检索信息吗？

如果他们真的会考虑这些事情，那就太愚蠢了！

那我们为什么要做这么愚蠢的事情？为什么我们相信自己目光长远、敢想敢为，同时却紧紧抓住职场和生活中的细枝末节不放？为什么我们要自欺欺人地认为每条成功规则对我们不起作用？委派、利用、专注于你擅长的事情……也就是我在前面的

---

❶ Spanx 品牌创始人。——编者注
❷ 美国知名内衣品牌，总部位于亚特兰大。——编者注
❸ 美国职业体操运动员。——编者注

章节中谈论的内容。我们是真的追求完美，还是在敷衍自己呢？

完成胜于完美，尝试胜于焦虑。一项不完美的事业，一个略显艰难曲折的使命，一次略显青涩但全神贯注的尝试，这些都胜过仅仅存在于脑海中的想法。只要把事情做出来，开始、构建、执行、改进、迭代，然后去完善它。

你不可能改进不存在的东西。你不可能对一个概念进行拆分测试。你不可能在电子表格中解决现实世界中的问题。只有在生活中落实某些东西之后，你才能收集实际的、可操作的"情报"。当然，实行一些你认为不完全正确的想法或是在使命中有一个不完美的开始可能会让你感觉很糟糕，但你知道什么更糟糕吗？你总是在犹豫不决，那就永远不会知道你本可以成为什么样的人，你本可以爬到多高的地方，你本可以取得什么成就，你本可以一往直前……只要你少躲在完美主义者的信条后面。

内部破坏者二号：大包大揽

现在，你已经开始摆脱所谓的完美主义，下面我们来谈谈精神健康问题。因为作为一个领导者（他人和自己的领导者），追求你在意的事情，履行你的使命，将一切担子都扛在自己肩上，这不可避免地会带来一种不舒服的感觉。"我应该更快地发展我的公司""我应该现在就完成我的使命""我应该和那个人保持朋友关系""我应该读营销主管们在谈论的那本书""我应该……""我应该……"

你会发现这一连串"应该做的事情"让你气馁、意志消沉甚至沮丧。你会因为缺乏动力、精力、食欲和积极性而自责，并且因为所有的"应该"在你的脑海中盘桓，让你渐渐变得分心、沮丧。

在"应该做的事情"之中存在一个大问题，很多时候，这些事情不是你真正想做的。更多时候，它们是别人的方法、别人的模板、别人的期望和别人的规则。它们是你摄入的外部因素，塞满了你的脑子。

你认为你应该推出更多产品系列，因为其他企业都是这样做的，尽管你的客户只想要三样东西。你认为你应该以七位数的营业额为目标，因为"真正的"企业家都能做到这一点，尽管你想要的仅仅是个能够糊口的赚钱营生。你告诉自己应该每周约会一次，因为其他夫妇都是这样做的，尽管你的婚姻在没有约会的情况下也很充实有趣。一个又一个"应该做的事情"，一个又一个的期望，你会因此逐渐失去初心和忘记你人生真正的意义。你与自己的使命渐行渐远。你忘记了自己踏上这条旅途的原因。你忘记了成为领导者意味着你可以按照自己的规则生活，无须参照他人的规则。

我并不是鼓励你完全摒弃这些"应该做的事情"，但是我想我们都知道，你必须抛弃一些让你萎靡不振的"应该"。那些琐碎的"应该"必须被抛弃。我做过最"任性"的一件事就是退出了一个社交群组，尽管我觉得出于礼貌我应该留在里面。虽然这只是一件小事，但它让我摆脱的精神和情感负担是巨大的；有时我们没有意识到"小事"有多大的害处、多么分散注意力，直到我们从中解脱才恍然大悟。有时，我们不得不放弃那些"应该做的事情"，哪怕只是在有限的时间内。在第一次创业期间，我一直告诉自己应该把钱存起来。在创业初期，我攒下的每一分钱都必须用于发展自己的事业，否则这些钱就一文不值。因此我暂时有意搁置了这个"应该做的事情"，也忽略掉随之产生的感觉（比如因为连最基本的个人理财都处理不好而产生的压力），直到后来情况转变，我可以重新拾起这个"应该做的事情"。

无论你决定摒弃的"应该做的事情"是大是小，请记住，你是自己生活的老板，没有一个真正的老板会遭受毫无意义的"应该"所带来的侮辱。

内部破坏者三号：你不值得

说到侮辱，我们现在要把焦点放在一些价值问题上，在开始执行自己的使命之前，你可能会利用这些问题炸毁它们。

所以在我为创始人或企业领导者提供建议时，会有一些小恶魔悄悄地介入我们的谈话。它们会说这样的话："我想实施更多行动来落实事情，但我真的不具备计算的头脑""我想做销售，但是我的胆子太小了""像我这样的人永远无法达到某个水平""我永远都不能变得这么富有"。每当他们试图提升自我或是做一些重要的事情时，这种怀疑和绝望的邪恶声音便会在他们耳边低语。

但是，这些对自己反复提及的"大道理"让我们自我贬低、躲在"舒适圈"里，它们并不总是我们试图保护自己免于失望的原始反应（通常也不是客观真实的）。通常情况下，我们对自己说的"我可以"或"我不行"都是我们从别人那里捡来的精神包袱。现在是时候把这些包袱还回去了，这样我们就可以一身轻松地完成自己的使命。

有时是爱我们的人给我们带来了负担（因此他们不一定能进入我们的行动团队）。慈爱的父母告诉我们要降低期望值，值得信赖的老师坚持要我们制定"现实的"职业目标。亲爱的朋友们，他们觉得我们的创业计划很疯狂。而有时，一些人给我们增加了负担：那些欺负我们、让我们屈服的人，那些打击我们信心的无情的人。随着年龄增长，我们肩上的包袱越来越多、越来越重，然后我们把自己的包袱扔到最上面。也许我们还没意识到，我们已经被压弯了腰，鼻尖都要碰到地面了，而在内心深处，我们知道自己可以展翅高飞，也注定要高飞。

无论你的"我做不到某事，因为……"是什么，你有没有想过这些声音是从哪里来的？它们是来自你自己还是来自其他人？如果你不确定，那就列一个清单。坐下来，写下所有你认为打击你、贬低你和限制你的事情，然后进行缜密的调研。什么或者谁是这些想法的来源？是否有任何证据表明情况并非如此？你在过去是否推翻过它？还是你只是精心挑选出数据来证实它消极的一面？

你应该清楚自己为什么会产生这样的想法，你也清楚为什么你会畏手畏尾。所以，如果你饱受"我不值得"这种想法的折磨，而且你知道它会阻碍你通往使命的光辉之旅，那么就请负责安全工作的人盯着你，用 X 射线检查你所携带的行李中有没有破坏性装置。

内部破坏者四号：你要成为什么样的人

这个破坏者是伴随着"你不值得"这个思想包袱而来的。纵观一生，我们中有许多人都收到过关于"像我们这样的人"不会做或不能做什么的暗示、信号、评价和刻板印象，同时向我们席卷而来的还有关乎成功、财富、成就，以及想获得这些我们必须成为什么样的人的信号，令人眼花缭乱。倘若我们无法在这些成功案例中看到自己的影子，自然会心生怯意。

打个比方，富人留给我们的刻板印象一直都是道德败坏、居心不良，所以我们会下意识地阻拦自己获取物质财富，因为我们不想被视为（或成为）恶人。我们以为老板都是一些留着侧分头、西装革履、大喊大叫的白痴，所以我们不愿意担任领导职务，因为我们不想变成一个怪物，不希望一进入办公室就要对上人们厌恶的目光。我们得知每个行业都有特定的行为方式，所以我们不去应聘那个行业里我们真正想要做的工作，因为我们害怕它会把我们变成另一个人。

但是你猜怎么样？金钱、领导、工作角色——这些都不会把你变成另一个人。它们可以放大你原本的特质，或者让你保持原样。这取决于你的选择。

如果你为人善良，善于交际，那么你在成为首席执行官之后仍然可以保持善良，结交朋友（你的善良和社交会影响到更多的人）。如果你既时尚又有创意，那么在成为一名会计之后，你仍然可以时尚又有创意（你会收获更多快乐，因为你跟随了自己的心）。明白了吗？这就是身份驱动型领导力的力量：无论走到哪里，你都是你。你不会变成其他人。不用东施效颦。你就是你，复杂的、独特的你，完完整整地属于你自己。

所以，不要再因为这些错误认知阻碍自己。记住，你不需要这些所谓的成功案例中的刻板印象。

内部破坏者五号：告诉自己为时已晚

我现在仍然会觉得自己在努力追赶进度和时间，这让我倍感苦恼，因此对这个内在破坏者格外有共鸣。

我还记得几年前的一个恐慌时刻。那时我刚刚准备好一份简单的零食——开心果、杏仁脆饼和一种名为"bhakri"的印度大饼（美味到让我欲罢不能）——在咬下第一口时，不知从哪里冒出了一堆怀疑、焦虑和紧张的假设，让我感到一阵窒息。该死，我心想，我永远也不会被邀请去内克尔岛❶（Necker Island）了！我的事业起步太晚了！（我也不知道受邀去内克尔岛和我何时开始创业之间有什么联系，但是，不合理的事本来就没有意义。）

---

❶ 内克尔岛位于英属维京群岛，是英国维珍集团创始人理查德·布兰森爵士（Sir. Richard Branson）创建的一座私岛度假村。

你问我为什么要执着于内克尔岛？好吧，在那周早些时候，我收到了两封来自两位企业创始人的电子邮件，他们都跟我分享了在内克尔岛的度假时光。在绞尽脑汁地回想正确的咀嚼和吞咽顺序时，我的恐慌也愈演愈烈，因为我不知道自己怎样才能获得去内克尔岛的邀请。此时"自我苛责电台"便开始工作了："你以为你是谁？你永远去不了内克尔岛，奥普拉 [1]（Oprah）也不会想和你说话。对你来说已经太晚了，所以你就放弃吧！"

每当快要被这些念头折磨得崩溃大哭时，我总会想起一句话，就是这句话一次次把我从悬崖边上拉回来："永远不要因为完成梦想所需的时间过长而放弃这个梦想，就算你不追求梦想，时间也一直在流逝。"

是啊，时间一直在流逝……

就这样，我的思绪又飘回了房间里。化名"我要搞乱你的脑袋"的"打碟者"（DJ）暂时下线，我记得当时我在想两件事：我并不想去内克尔岛，那么我为什么要如此心烦意乱（一定是我的比较症又发作了）；别哭了，做点什么来推动你的事业发展。

我的朋友们，无论你什么时候开始实现自己的梦想、愿望、使命、抱负，或早或晚，时间一直都在流逝，所以请开始

---

[1]　奥普拉·温弗瑞（Oprah Winfrey）是美国演员、制片人、主持人。美国电影电视金球奖终身成就奖、奥斯卡金像奖吉恩·赫肖尔特人道主义奖获得者。

行动，并坚持下去。正因为时间无论如何都会流逝，所以用尝试、失败（这表明你在尝试）和一点点朝着梦想或目标前进的（甚至如履薄冰般的）步伐来填补这段时间不是更好吗？当然了，你可能需要很长时间才能到达目的地，又或许你永远到达不了那里。但是你知道吗？不管你是枯坐着，觉得自己年纪大了，现在行动已经太迟了，为永远无法做成某些事情而痛苦，还是走出去，采取行动——时间一直都在流逝。无论如何，时间总是会流逝的。

还有，即使你没有到达"那个远方"（无论"那个远方"在哪里），至少你有伟大的故事可以讲述，有战斗留下的伤痕可以炫耀。至少你已经尝试过了。如果我们一直畏缩不前，生活就会十分无趣（而且充满遗憾），所以为什么不走出去，看看会发生什么呢？

每个人都会有开始的地方，这些开始有时在生命中出现得很"晚"；你不是唯一一个有这种经历的人。拳击巨星安东尼·约书亚（Anthony Joshua）18 岁开始打拳击——就这项运动而言，这个年纪意味着运动员可以退休了；美国芭蕾舞剧院的第一位黑人首席舞者米斯蒂·科普兰（Misty Copeland）直到 13 岁才第一次穿上芭蕾舞鞋；阿里安娜·赫芬顿（Ariana Huffington）在 54 岁时创办了《赫芬顿邮报》——无论按什么衡量标准来看，这也太"晚"了。如果以上鼓舞人心、勤奋努力、做出了积极贡献的人中的任何一个，因觉得"我的年纪太大了，除了等着退休和死亡，什么都做不了"而退缩，那这个世界可能会变得很糟糕。

我并不是说所有人都要创办下一个《赫芬顿邮报》或者成为全球闻名的体育运动员和艺术家。我想说的是你要走出去，做你想做的事情，实现你的想法，建立自己的事业。发送第一封（或第五十封）电子邮件，推销自己的电影创意。为了得到你想要的东西提出请求、采取行动，不管是什么事。成功的为什么不是你？成功的为什么不是我？成功的为什么不是我们每个人？

反正时间一直都会流逝的。无论什么时候都可以开始，无论多大年纪都可以开始。

上级指令

你在心里给自己设下了重重难关。所以请花些时间来处理那些对你来说最真实的问题，而且要意识到在这个过程中你可能会发现其他阻碍自己前进的问题。这可能会伤害到你，也可能会让你觉得尴尬，但在你知道自己面对的是什么之前，你无法消除它。所以请不要抗拒内部清障工作，这是你能做的最重要的事情。这会让你在自我破坏行为和阻碍信念绊倒你之前更好地感知和阻止它们，但你必须保持警惕，确保你能稳步摆脱破坏者总指挥的身份。不要再切换到这个身份了。

外部威胁

既然你的心态已经调整好了，那我们就开始探讨那些肯定会出现在你面前的外部破坏者吧。因为总有一些人试图让你失败，总有一些挑战阻碍你前进的步伐，总有一些情况会让你节节败退。一旦这种情况发生，你唯一需要做的就是**把注意力集中在你能掌控的事情上**。

听起来很简单，是吧？但这绝非易事。谁不喜欢放纵呢？谁不喜欢推卸责任呢？谁不喜欢抱怨自己的胜算不大呢？举手投降可能会让你如释重负（如果你想寻找放弃的借口，总会找到的）。但是你没有时间能浪费在放纵、推卸责任和抱怨上了。你有事情要做，要征服高山，要过好生活，要完成使命。

所以别再考虑这些了，把注意力集中在你能掌控的事情上。因为你需要做出取舍：你浪费在愤怒上的每一分钟都无法用于做创造性的工作；你因为纠结这些而毫无行动的每个小时都无法用于寻找解决方案；你浪费生命力、沉湎在自怜中的每一天都无法用于谋求自身的进步。

你会面临挑战，你会遇到障碍。有时，障碍之上会叠加挫折，挫折之上会叠加障碍，而障碍之上又会叠加挑战。这是经验之谈。好在你可以自行赋予它们含义，选择自己的回应方式。

你当然可以对它们发脾气，但是发脾气也无法让它们消失。你也可以对它们大发雷霆，但大发雷霆也无法让它们改变。花点时间发泄一下，把情绪发泄出来（我就很需要这样做），但是要控制好自己被挫折和愤怒所麻痹的时间——然后继续前进（我以前会给自己几天时间用来发泄，不过现在的我只需要几分钟）。

你的生意经历了一次次狂风骤雨？好吧。躲在被窝里哭上几个小时（我也这样做过），然后擦掉鼻涕，把注意力集中在你能控制的事情上：写下所有的挑战，头脑风暴每个挑战的潜在解决方案，打电话给自己的行动团队伙伴，与同行业的人交谈，向会计寻求建议，做一些调研……但是现在不要再想自己有多么倒霉了！

你是否经历过这样的日子：手头有太多事情要做，但又有新的问题不断涌现？好吧。把自己关在浴室里一段时间，然后出来，把注意力集中在你能控制的事情上：减少工作量，让你的伴侣带孩子出去玩几个小时，给行动团队的伙伴打电话，按优先顺序列出自己需要做的事情，然后逐步完成这个清单……但是现在不要再想那堆烦心事了！

绝密小贴士

你可以把"减少工作量"纳入自己的"军火库"，这是保持理智、保全使命的最佳工具之一。我在初为母亲的前六个月想出了这个方法（当时我还在全职工作，不知道孩子的一次小睡会持续 20 分钟还是两个小时），这一切都是为了利用碎片时间，推动工作进展。

利用碎片时间工作很难成为常态，因为时间较长的深度专注效用更大。但是，想要在我们的日常生活中找出完全不受干扰的 60~90 分钟并不容易。作为一个新手妈妈，我发现自己会因为无法挤出几个小时工作而十分沮丧，以至于忘记了其实每次挤出几分钟就能完成一些工作。大型而重要的项目（或任务）会让人觉得它们只能在大块、重要的时间段内完成。可你并不一定能留出足够的时间。

但你知道碎片时间能带来什么吗？工作进展。在写这本书时，我利用在周六早餐做煎饼和华夫饼的间隙修改了一些句子。在我丈夫开车带我们去看侄女的橄榄球比赛时，我在车里花了 20 分钟重新组织了一些段落。我打开电脑，记下一个想法，然后关掉电脑，给女儿读书哄她们入睡。是的，我总是要花点时间来找回感觉，重新进入写作状态，让文章变得连贯，我在看似微不足道的时间里一点点推动了工作进展（我原本可能会浪费掉这些时间）。这就是为什么利用碎片化时间如此强大：即使在次优条件下，即使在次优时间内，我们也能取得进展。

不过就像生活中的其他许多事情一样，利用碎片化时间的魅力不在于"知道这可行"，而是在于"将之付诸行动"。因为每天花 5 分钟做一件"微不足道"的事，就相当于一年在这件事上付出了 1.27 天。这意味着，如果我们每天回收 15 分钟的"废弃"时间，我们就能在一年中回收近 4 天（4 天可不能算作"微不足道"了）。这就是利用碎片化时间的神奇之处，这就是积累的力量。

因此，与其为了没有多少自由时间感到沮丧，不如在你有时间的时候做一些事情。当然，并不是所有的项目都可以被分解，这也不是一张关于如何一直工作，或者如何利用大部分时间工作的指南。这只是你"军火库"中的另一个工具，即使只有几分钟的空闲时间也可以让你继续行进。

所以不要丢掉这几分钟。打一通电话，写一段话，制作一张幻灯片。在时间充裕的情况下腾出大块的时间，在时间紧张的情况下利用碎片化的时间。

人总是可以找到放弃的理由。你永远都可以选择放弃。

可你是这样的人吗？你会选择放弃吗？

如果你不打算放弃，那么你唯一的选择就是把注意力集中在你能控制的事上即使困难重重，处境艰难，也要继续前进。

生活就是这样。没有魔法，没有秘密武器，只有坚持和毅力。控制你能控制的东西。

上级指令

听着，消除外部威胁需要付出努力和精力，无论一次付出多少，但也不要毫无意义地，无休止地猛烈攻击前进路上的拦路虎。在不休息的情况下坚持做事，无论做什么事，回报都是有限的、递减的。没有休息，我们的大脑就不能，也不会达到最佳状态；我们的表现和提出解决方案的能力将受到影响，还可能会导致事故（或引起更多问题）。

因此，当你专注于自己能控制的事情时，也要集中注意力控制自己。如果你发现自己面对的是一堵砖墙，不妨先休息一下。

出去走走，做些运动，咨询你的行动团队。把这个问题先放一放，以后再来讨论。你有不可估量的力量和能力，但你不能强行动用创造力。你不能期望解决方案自己出现。陷入绝望的处境必然无法获得好结果。

至于那些想看到你失败，试图绊倒你的人呢？成为那样的人本身就是对他们的惩罚。你的人生和使命是你自己的事情，与他们无关。

失败后重新规划

要记住，你的使命是你自己的事情，与别人无关——与破坏者无关，与竞争对手无关，与批评者无关——这非常重要，因为你在某些时候难免会失败。

在中情局，无论我们在面对破坏行为和问题时表现得多么坚强，无论我们的应对多么专注、多么积极、多么敏捷，有时我们的计划还是会遭遇惨败。但是，当这些"失败"降临时，我们会以一种更坚强、更有弹性的心态来应对它们，处理它们，从中吸取教训并重新规划。

方法如下：

第一步：评估影响。倘若事情出错，会产生什么实际影响？不要夸大其词地说"天要塌了"这种话，请做出客观、实际的评估。如果你的产品发布失败了，会对企业的财务产生多大影响？这对你的投资者意味着什么？这对你的客户意味着什么？定义影响，使其具体化并尽可能量化。

第二步：定义失败。同样，不要夸大其词，想清楚"失败"到底意味着什么？没有通过 CFA 考试是否意味着你是一个失败的人？还是说这仅仅意味着你必须再考一次？

第三步：选择如何处理这个问题。你可以采取什么措施来减轻"失败"的影响？可以取消发布失败的产品的生产吗？可以再参加一次没通过的考试吗？

第四步：从中吸取教训。正如丘吉尔所言："永远不要浪费每一次危机。"可以失败，但要吸取教训。你能做些什么不同的事情？下次你会采取什么不同的做法？发布新产品之前在焦点小组中测试，投入更多时间做研究，不要同时做多个任务等。

就是这样：失败，跌倒，爬起来，吸取教训，下次努力做得更好。

任何上过商学院的人都会说所有辉煌的成功背后都有一个失败的经历。在商学院的案例研究中，"案例 A"讲述了关于一家企业如何顺利起家的光辉故事，把握住一次次机会，直到与完美投资者的一次神奇碰撞使得这家在地下室办公的初创企业一跃成为硅谷的宠儿，创始人赚取了数万亿美元。

"案例 B"揭开了励志故事背后的真实过往，详细描述了每个"机会"是如何在正确的地点、正确的时间给这位创始人带来好运的——那位完美的投资者是他接触的第 900 位投资者。看似是突如其来的成功，却花了这位创始人 12 年的时间。在这期间，他因为没照顾好自己的身体而多次进了医院。

同一个故事，叙述都是真实的，只是侧重点不同。

所以我想说的是：选择你自己的规划方式。你可以把重点放在解释案例 A、案例 B、案例 C，或其他任何东西。失败可以只是一件小事，也可以是一件大事。成功可以只是一件小事，也可以是一件大事。或者你可以接受鲁德亚德·吉卜林（Rudyard Kipling）的观点：成功和失败都与你实现个人的内在价值毫无关系。

将你的身份与结果分离。当然，你可以奋发努力获得成功，或者忍受失败；或者并不刻意行事，但它们却如期而至。正如我的父亲曾经告诉我的那样："有时候，你无论做什么都得不到你应得的东西，而其他时候，你无论做什么都能点石成金。"是的，无论做什么。

所以要选择事情的含义并重新定义结果，不要总是默认它们是负面的。做你能做的事，继续前进。

驯服恐惧

在你努力重新定义失败的时候，你会遇到它最喜欢的朋友：恐惧。恐惧会让你变得渺小，把你绊倒，让你失眠。恐惧会让你怀疑自己，阻止自己，限制自己，放弃自己和自己的使命。

初为人母时，我带着刚学会走路的孩子从伦敦飞到纽约。这趟旅程并不让人快乐，在经历了哭泣（主要是我）、心中不断尖叫（主要也是我）、无数次无声咒骂（绝对是我）和在过道上踱步七个小时之后，它终于结束了。在旅程的准备阶段我一直很担心，因为我从来没有单独和女儿一起旅行过。在一个狭窄的空间里待上七个小时，吃着难吃的食物，这对大多数人来说都是一个艰难的挑战，更别说一个活泼的孩子了。不过最终的情况并没有那么糟糕，我们一起克服了这个难关，没有崩溃，而且在着陆时至少有一个人还能开心地笑着。

　　我在那次旅行中吸取了一个教训（又一次）——顺便说一句，我似乎经常获得这个教训——就是我在预期中感受到的恐惧和焦虑都是对现实的糟糕预测。恐惧不过是看似真实的错误预期（False Expectations Appearing Real）。仅仅因为蹒跚学步的孩子就拒绝跨洲旅行，这太愚蠢了。在我们的生活中，在我们追求使命的过程中，这种情况经常发生。我们为尚未发生的事情担惊受怕，浪费宝贵的脑力和生命力去设想模糊的灾难，不为灾难做情境演习，也认识不到我们看似真实的预期的错误之处。

　　如果想要计算出我过去有多少次在活动、演讲甚至打电话之前焦虑地假设灾难性后果或次优结果，恐怕要求助于高阶导数。我知道想要控制住极度的恐惧有多么困难。但是随着时间推移和经验积累，每件事情的进展都比我的预期结果要好，我便更多地去假设成功的结果。我开始期待更美好的结局，我更多地去思考最理想的情境。尽管我很害怕，但还是会向着目标继续前行。

　　即便是最糟糕的情境，我们中的大多数人也能挺过去，所以为什么要浪费时间去做这种假设呢？倘若恐惧不过是一种看似真实的错误预期，为什么要浪费一个向自己证明某事可行的机会呢？我知道这并不容易，但是你可以做到。

　　如果你做不到为了自己克服恐惧，那么就为了别人克服你的恐惧，这样那些正在关注你的人（总是有人在关注你）就会知道我们不会向恐惧屈服。生活中每天都充满了"恐惧"

（公开演讲、分析财务报表、请求销售、发布产品、建立新关系、学习新东西），如果我们无法为了自己勇敢，不妨为了我们的读者和观众、我们的投资者、我们的客户、我们的顾客、我们的家庭、我们的员工、我们的使命勇敢起来。我们是为了谁或什么而鼓起勇气并不重要，重要的是我们终于鼓起了勇气。即使我们不是预期的受益者，我们仍然可以受益。我们仍然可以向自己证明，我们的能力比我们意识到的要更强。当我们控制住恐惧，不让恐惧阻碍我们前进时，我们仍然可以感受到我们是谁、我们正在成为谁的力量。

关键情报

- 所有使命中都充满了挑战，这就是生活，但最大的挑战是你为自己设下的。

- 努力克服你的完美主义（撕开懒惰和焦虑的伪装）。不要再苛责自己，不要再告诉自己你不值得，不要再误以为自己需要变成另一个人。记住，什么时候开始都不晚。

- 当遇到外部挑战和障碍时，不要为此纠结。专注于你能掌控的事情，积极采取行动。

- 给"失败"（和"成功"）下定义。

- 请记住，恐惧通常是看似真实的错误预期。如果你不能为了自己勇敢，那就为了别人勇敢。总有人把你当作榜样。

第二部分事后回顾

你好啊！在短短几章里，你已经找到了你的身份驱动型领导风格，并开始与各种形式的内部和外部的叛徒开战。这很艰难，但你已经挺过来了。

你正在进行艰难的对话，勇敢发声，像个老板一样处理压力和忧虑。你决定要掌控一切，因为你知道这只是个开始，工作永远不会停止（尤其是内部工作）。但你也知道自己可以选择什么时候停下来，什么时候继续前进。问题的含义由你来决定。你可以重新规划所有发生过或没发生过的事情，因为你的自我价值与成功和失败无关。

掌控一切。

既然你一直在思考如何目光长远、优化领导，那就让我们以一种更明显、更有力的方式激发出更强大、更优秀的你。在接下来的第三部分中，我将指导你大胆地做任何事，就像我离开中情局从零开始创业时那样。我将向你们展示如何利用我们共同奠定的基础，走出黑暗，走向光明，让更多人看到你、听到你，让你到达更高更远的地方。等着瞧吧。

第三部分
敢想敢为

| 第九章 | 走出暗处 |

案卷：不要被动等待伯乐

十几岁的时候，我忘记了从哪里听说知名模特凯特·摩丝（Kate Moss）是在机场被模特经纪人发现的。于是在此后的几年里，我每次坐飞机时都会抓耳挠腮、翘首以盼，希望某位星探能在熙熙攘攘的旅客中发现我，然后终有一天我的脸也能出现在广告牌和杂志上。即使后来我不再梦想着成为一名模特，那种必须被伯乐发现的想法仍然伴随着我。我浪费了好几年的宝贵时间（就算后来成年了也是如此），期待着被人选中，希望获得他人的认可、推荐和赞誉。因为迟迟没有遇到伯乐，我又浪费了更多时间深陷在消极情绪中。

这真是太蠢了。

因为随着我年岁渐长，阅历渐丰，我渐渐明白这是不对的。有人引导我们相信，如果我们擅长什么、能够提供什么服务、创造了什么有分享价值的东西，别人自然就会发现我们（这仿佛是一种魔法），被我们吸引目光。"你若盛开，蝴蝶自来"类似的话数不胜数。

但这完全是一派胡言。

很多时候，像福布斯这样的榜单，这些榜单上的人之所以能够上榜，是因为他们自己申请了上榜。通常情况下，能够赢得奖项的企业都是向奖项主办方毛遂自荐的。而那些能够获得关注的人会主动博取他人的关注。这些企业和个人不是"被他人发现"的。他们做好了本职工作，然后为自己创造机会，而不是等待机会降临。

如果几十年前我真的想成为超模，我应该拍一张大头照，去参加试镜，踏入这个行业，积极地去采取行动，并持之以恒，多次参加试镜，而不是消极地等待。对我们所有人来说都应如此。我们可能很出色，履历丰富，身怀绝技，但是不会有人做我们的记录员，统计我们曾经获得的所有辉煌成就；没有人会拱手奉上我们应得的赞誉和奖项。这些情况（几乎）永远都不会发生。

仅仅在过去几年间，我就投入了800多个小时在自己的母校做公益讲座和工作坊。有没有人追着我给我发奖牌？没有。有没有人为我提名奖项？也没有。但是如果有机会为自己提名奖项，我会这样做吗？是的，当然会。这会让我变成一个自卖自夸的人吗？当然不会，因为我的的确确做过这些工作。我无偿地付出了自己的时间。我做这些事情的初衷并不是想要获得认可，但是倘若因此有机会获得他人的认可，那么我会大大方方地承认自己所做的贡献。

我们所有人都应该这样做。如果你完成了工作，那就申请奖金。如果你符合招聘要求，那就投送简历。如果你有类似经历，那就投稿自己的故事。如果你有符合描述的产品，那就招揽买家。

做事不声张、不留名不是我们提倡的高尚美德。同样，做事高调留名也不应当被斥责贬低。所以要积极主动，为自己争取机会，要让自己进入候选人名单。这并不意味着你会被他人认可，但是如果你已经意识到了自己的闪光点，那就积极地等待别人发现你本人身上、你的事业或故事中的精彩之处吧。

在中情局，大多数圆满完成的任务都必须保密。我们有明确的规定和有说服力的理由为自己所做的工作保密。即便不能大张旗鼓地说自己有什么成就，我们也清楚自己做了什么，我们在无人知晓的暗处庆祝。但是你，我亲爱的读者朋友，你执行的不是绝密任务。你没有理由隐藏在黑暗之中（在之前的章节中已经开始处理、清除的内部和外部阻碍除外）。你保持默默无闻不会让国家的安保工作更上一个台阶，所以是时候走到聚光灯下了。因为你、你的故事、你的成就和你的使命里程碑都值得被世人看到。你对这世界的贡献需要被人们知晓。

就像我们之前一起做的所有准备工作一样，我们将以你为中心，让你大放光彩。不是要强迫你抛弃真实的自己成为另一个人，而是要强化你的感知力，让你觉得被别人看到和听到是对的，并且以你自己的方式被人们发现。面对现实吧，如果你成了自己所在领域的老板、首席执行官、专家，或者仅仅是在自己的工作中表现十分出色，你便会得到关注，而掌控你的生活意味着要确保人们看到的是真实的你。

很多人都背负了很多包袱——正如我们现在所知道的，这些包袱通常来自别人——为了让自己更引人注目，为自己的故事感到自豪，让自己大放光彩。他们认为形象建设在某种程度上有损于自己所做的工作，告诉别人他们做了什么或者他们在这方面做得有多好会有损于他们的形象。但是，正如我在前面所说的，这和我们盲目接受的许多事情一样，完全是胡说八道。变得更加引人注目并不意味着你必须变得骄傲自大，或是跑到别人面前刻意表现自己。你想要散发出多少光芒由你决定，而其他人是否会被你的光芒照耀得睁不开眼睛则由他们决定。你要做的就是好好做自己。

我们会让你为自己的故事感到自豪，让你大放光彩，完善你的个人资料，并对你的个人形象进行微调。一旦你开始正视自己的价值并向他人展示自己的价值，你会发现自己可以接触到那些可以与你产生共鸣的人，并且能够帮助到那些你从未意识到自己可以接触或帮助到的人。你会发现自己因为过去的成绩被认可、被提拔、被猎头发掘、被表扬、被写进报道……或是发现不再刻意收敛光芒的你身上散发出了一束坚定的光。这些都很棒！

因此，走出暗处的第一步，就是不要再等待他人来发现你。

上级指令

　　对于那些自认为注重隐私、内向或是在人前畏首畏尾的领导者和首席执行官来说，走到聚光灯下可能令人格外不安。但问题在于你不一定要成为一个外向的社交型人才能优化领导或是取得成功。我们脑海里那些被好莱坞和流行文化强行灌输的典型领导者形象——魅力四射、温文尔雅、快言快语、奋发有为——都与现实无关。商业、政治、学术和艺术领域——人类努力的每一个领域——都有很多出色的领导者和榜样，他们有内涵、寡言少语、行事审慎、思维缜密。

　　成为领导者有很多不同的方式。所以，如果你不喜欢引人注目也没关系。本章讲述的是如何以自己的方式被别人看到和听到。所以，如果像大公司那样召开全体大会不是你的风格，没关系。那么你是否能够做到和职员私下进行一对一的聊天，时常在公司大厅里走动，了解公司内部发生的事情？如果做令人振奋的激励演讲不是你的强项，没关系。那么你能不能发送一封精心制作的电子邮件或视频来分享自己的想法呢？如果你觉得没完没了的会议会分散重要的思考时间，我能理解。那么你能不能让自己的助理替你控制会议时长，或者让你手下的高管或员工在你进入自己的精神洞穴探险时替你主持一段时间会议？你可以做出选择。你是老板。

但是残酷的现实提醒着你，领导者的身份也意味着你必须不时地走出自己的舒适区，包括比你想象中的更加"外向"。别抱怨了，采取行动吧。但是我接下来在本章中要分享的技巧将确保你能够按照自己的方式完成任务。根据你自身的条件，做真实的自己。

在我们进行练习时，想想你如何将它们应用到一些你一直在回避的"被看到"和"被听到"的任务中。怎样才能使自己更轻松？你如何根据自己的身份和行动方式调整环境？你如何调整环境以适应自己的身份和行动方式？

你不可能总是避开众人的目光，但是可以斟酌一下你能够接受怎样"被看到"和"被听到"。因为你不得不这样做。也因为你能够做到。现在你已经步入正轨了。我们一起步入了正轨。

提高曝光度

在我帮助创始人、领导者和其他客户学会展现自己的过程中，他们所有人（无论年龄、行业、性别、背景或自信程度如何）都会产生抵触情绪，仿佛我是在要求他们赤身裸体地走到大街上，一边挥舞着啦啦队花球，一边拿着喇叭大喊："快来看我！"我大概能够理解他们：站在聚光灯下当然会让人觉得自己一丝不挂，太过招摇了。但是我要教给你的东西并非如此，接下来的内容比这优雅和有品位得多。

如果你的使命或抱负是关于想要改变世界、帮助他人、改善身边群体或仅仅是改善自己的生活，那么展现自己将帮助你实现这一切。

为什么要曝光自己？

想一想，提高曝光度，建立你的声誉，你所做的事情为人们所知，这些会**帮助你实现你的目标和完成你的使命**。请圈出以下所有能让你产生共鸣的理由，如果你还有其他理由，欢迎随时添加。

通过提高曝光度，你可以：

▶ 成为你所关心的事业的有力倡导者。

▶ 推动变革。

▶ 推动自己的事业发展。

▶ 被你心仪的公司录用。

▶ 吸引顾客和客户。

▶ 分享自己的观点。

▶ 获得他人对你专业知识的认可。

▶ 提高对重要问题的认识。

▶ 其他理由（具体一点）。

答案没有对错之分，所以请花一些时间思考如何通过被更多人看到、被更多人听到来帮助自己和他人进一步发展。

我自己走出舒适区有一部分原因在于我想尽可能帮助更多的人。还记得那些不断向我寻求建议或帮助的创始人和领导者吗？我意识到，如果我开始在网上发表自己的见解，我就能接触到他们所有人——以及更多的创始人、领导者和个人。我讨厌运营社交媒体，但我希望能够帮到别人。于是，在一台笔记本电脑、一部已经用了 5 年的智能手机和一位优秀的虚拟助理的帮助下，我开始在网上创作和发布视频、写博客和评论文章。在这个过程中我能够与更多人交谈，这是在其他情况下无法做到的。

我强迫自己提高曝光度还有一个原因（我是一个外向的人，但也非常注重隐私），就是我希望自己能够成为榜样，带动其他女性更加自如地展现自己。对我来说，曝光度不仅是为了正面影响，更重要的是挑战经常强加给女性的"不能抛头露面"的标签。这关乎个人，也关乎身份。

女性的贡献仍然被排除在史书之外，像凯瑟琳·约翰逊 ❶

---

❶ 凯瑟琳·约翰逊，非裔美国物理学家，数学家，航空航天科学家。热门影片《隐藏人物》的原型人物。2015 年，奥巴马授予凯瑟琳·约翰逊美国总统自由勋章。2016 年，美国航空航天局（NASA）将兰利研究中心的计算大楼命名为"凯瑟琳·约翰逊计算大楼"。

（Katherine Johnson）这样伟大的女性，在《隐藏人物》这本书和同名电影问世之前，她都是一个"隐藏人物"，女性的成功仍然被不怀好意地加上解说字幕（"她能进入这里只是被分配的""他们为她放宽了标准"），而最糟糕的也许是，当女性的确取得了一些成就，这些成就前面总是会加上性别做限定词："女性创始人""女性首席执行官""母亲企业家"。这些似乎总是在传达这样的信息：我们的女性身份是第一位的，我们的成就是第二位的。

我之所以如此努力地帮助别人提高曝光度，部分原因是我想让所有之前被边缘化的成功人士和实干家的成功事迹被人们知晓，获得他们应得的曝光度。这就是为什么我们都需要尽可能地散发出自己的光芒。这就是为什么我们需要庆祝自己的成功。这就是为什么我们需要告诉别人我们获得了一个奖项。这就是为什么我们需要转发提及自己的杂志文章或播客采访。这就是为什么我们需要一次又一次地展现自己。这并不意味着我们会成为令人厌恶的自我推销者，也不是说我们会毫无根据地吹嘘自己。这意味着，我们在谈论我们正在做的了不起的事情时变得更加自在，因为我们值得被载入人类的大事记中。

如果有一天我们能够正大光明地展现自己，无须为自己的优秀道歉或被质疑资格，我们就会让其他人（女性和所有其他低调或被忽视的成功者）知道，他们也可以正大光明地进入人们的视野。这个世界急需更加多样化的榜样，你就是其中之一。

以你的故事为荣

那么，你该怎么做？你如何与人分享，如何大放光彩，如何展现自己？首先，你必须知道你有值得分享的东西。如果之前没有人告诉你，那么我现在就要告诉你：**你有值得分享的东西**。

至于那个"东西"到底是什么，它可能显而易见，也可能是隐藏的，所以要挖掘自己。深入挖掘，探寻你的生活，挖掘你在第一部分中得到的见解和发现，把你的宝藏放在桌面上。坐下来反思一下你的知识储备和过往经历，这些都可能对你自己或其他人有所帮助：

▶ 你以什么著称？

▶ 人们总是向你请教什么问题？

▶ 你的专业绩效评估中会体现哪些品质和优势？

▶ 你从朋友、伙伴、同事、老板那里得到过什么积极反馈？

▶ 你知道自己擅长什么吗？

▶ 你有什么专长？

▶ 人们总是称赞你什么？

看看你的"硬技能"和"软技能"，列一个清单。以你的背景故事问题的四个答案（参阅第一章）为基础，确定至少十项有形技能（会计、广告文案写作、公共演讲等）和十项无形技能（谈判、与人沟通、战略性思考等）。如果你凑不出十项，可以邀请了解你的人和你信任的人就你的优势和技能提供一些真诚的反馈。在从商学院过渡到创业冒险时，我正是这样做的：我邀请一群非常了解我的同事和朋友填写了一份匿名调查问卷，他们的意见帮助我完善了我后来经营企业的方法，也帮我分辨出了自己的优势（我发现自己对于个人优势的猜想有一些是正确的，有一些是错误的）。挖掘自我、寻求坦率的反馈，将不可避免地让你听到赞美之词和逆耳忠言——这就是问题的关键。接受逆耳之词，扬长避短。

让自己大放光彩

既然你已经看到了自己体内蕴藏着多少优势，那就开始让它大放光彩吧。那些对你来说很容易的事情，那些你很擅长的事情，那些别人认为是你的超能力的事情，它们都很有价值，因为会有其他人也想在这些事情上有所成就。所以开始分享这些东西吧。

你拥有大量的知识财富，通过分享这些知识可以造福其他人的生活（或是你自己的生活），所以不要再做默不作声的黄金囤积者了。决定你想要分享自己的哪些技能或属性，你想与谁分享它们，以及它们为什么对这些人而言很重要，然后针对这些人进行分享。

如果你是一名为早期创始人服务的商业顾问，你可以在短视频平台上分享关于筹集种子资本的最佳方法，因为你知道你的目标客户会在午休时间刷短视频。

如果你是一名专门为中小型企业提供研发信贷的税务顾问，你可以在领英上分享一些顶级技巧，因为你知道你的目标客户会在那里寻找专业的服务提供商。

如果你是一名彩色玻璃艺术家，你可以在油管上发布视频，分享有抱负的艺术家如何制作自己的彩色玻璃，因为很多人都会去油管网上寻求视觉效果建议。

类似的可能性无穷无尽。而你可以利用的社交媒体也是如此。你要做的只是看到、列出、承认你真正擅长的所有事情，然后以一种你认为合适的方式分享它们，帮助你完成自己的使命或目标。

这是个实验，所以不要做任何假设。我过去常常逃避摄像机，但后来发现自己其实很喜欢做油管视频，于是我不再逃避。我过去常常害怕听到自己被录下来的声音（我们直接听到的自己的声音与录下的声音在对比之下真的很奇怪），但后来发现自己其实很喜欢主持播客和接受采访，于是我克服了这种恐惧。

你的最终目标是什么，你想获得什么成就，你想帮助什么人，这些事情要比你自以为的你看起来怎么样、听起来怎么样，或你有什么苦恼更重要，所以请给自己一个机会。尝试做不同的事情。尝试写作、写博客、写微博、做播客、摄影、制作视频或其他什么。只是尝试一下，你会给自己带来惊喜的。

产出内容之后就不要回想了。不要为此纠结，不要回过头去做调整，不要过度关注你认为自己"搞砸了"的小瑕疵，比如视频中抽搐的眼皮、短暂的卡壳或是其他东西。产出有价值的东西，然后把它抛诸脑后。

分享故事的七个步骤

当你把脚尖伸向聚光灯下时，你需要尝试一下你觉得合适的东西，可以从以下七个步骤开始：

不要说教：即使你说的内容颇具权威性，也不要说教。你可以避免这个陷阱，只要你做到以下几点。

1. 学会讲故事：你的故事可以关于你是如何在某件事情上取得成就的，你如何取得了某个个人或职业里程碑，你在奔赴某项成就的路上学到了什么东西，你在创作时脑子里的想法，你在日常生活中遇到的挫折和你如何克服了它们，你切换到父母身份时的有趣瞬间，你作为一名专家顾问所收获的顾客惊喜的称赞……无论你决定分享什么，最好的分享往往是以不同的方式**传授、娱乐、激励**，或者三者合一。

2. 释放你的声音：你不必试图成为别人，也不必模仿别人的语言风格。你是节目的主导者，重点在于你想如何展现自己。因此，其他在拼趣❶上分享营销技巧的人都以某种方式行

---

❶ 拼趣（Pinterest）是一家社交网络网站，采用瀑布流的形式展现图片内容，无须用户翻页，新的图片会不断自动加载在页面顶端，用户也可以按主题分类添加和管理自己的图片收藏，并与好友分享。——译者注

事并不意味着你也必须这样做。不断尝试，你的声音、你的风格、你的语气，自然而然找到适合你的东西。

3. 从小事做起：如果你不习惯过多曝光（甚至在你习惯之后），这会让你不知所措。那么就从小事做起，给自己设定一个目标，每周写一篇文章，每两周拍一段视频，每个月做一集播客，或者其他超出你舒适区但又能够实现的频率。

4. 保持轻松：每个人都在看你，但好在没有人真正注视着你，这是个悖论。有些人可能会关心且注意到你；有些人会焦急地期盼你再次站到聚光灯下，但很多人甚至不会意识到你的存在。对此，你要学会安之若素，继续展现你的价值。

5. 不要盲目跟风：你所在行业的其他人或者跟你拥有同样才能的人可能每天都会在几十个平台上发帖，配以好看的图片、优质的文案、制作精良的播客、经过专业编辑的视频和闪闪发光的名片，但这并不意味着你也必须这样做。你可以选择，制定自己的出场方式、地点和频率。只要你一直向你的听众分享有价值的内容，其他"像你这样"的人在做什么并不重要。最大限度利用好你所拥有的时间、资源等，这就足够了。

6. 固定产出方式：是的，规则由你自己制定，但这并不意味着你可以不为自己制定任何规则！如果你想要吸引别人的目光，你就必须以固定的方式持续产出内容，所以制定一个适合自己的时间表、一个更新的媒介和一个适合自己的形式，然后以这种方式经常更新。你可以之后再做调整，但必须先做周密的安排。

上级指令

一旦你下定决心要为了支持自己的目标、抱负或使命展现自己，那就告诉大家你在做什么（你正在写一篇关于昆虫谱系的博客，你要离开自己的律师事务所去学习冰激凌制作等）。讲讲你最喜欢的咖啡师、在火车上和你聊天的人、那些你认为对你了如指掌的朋友（他们不知道，有时他们也不在意自己被提及）、同事（只要和你的日常工作没有利益冲突）、去公园遛弯的父母、遛狗的爱人，所有人。

要优雅得体，还要告诉人们你要做什么，哪怕你还没有开始做。你将以两种方式施展使命的魔法：

（1）如果你还没有开始，或者正在拖延，把自己的打算告诉别人会产生激励性的压力，让你摆脱困境，因为其他人以为你正在为了做某事而采取行动。

（2）每次邂逅都可能为你提供一条新线索、一个新见解，所以不要剥夺自己与机遇不期而遇的超能力。在陌生人之间的谈话基础上建立事业。也许偶然遇到的一个不起眼的人会帮助你的事业飞速发展。剧本的创作同样来自偶然的灵感。

告诉大家你在做什么，让奇迹发生。

完善个人资料

一旦你下定决心展现自己，公开自己的行动或计划，同时还需要启动一项行动来完善你的个人与职业资料。

你的个人资料包括很多方面：人们在网上搜索你或是在社交媒体上关注你时得到的信息；你在工作中、出席活动或参加会议时的表现；以及人们对你的专业能力的评价。这些大部分都在你的控制范围之内（毫无根据的流言蜚语和别人泼的脏水不算），所以把注意力集中在这些事情上。

第一步是审查你已有的资料，而后改进所有需要改进的部分。一旦你完成了这些，那么重头戏就可以开始了，因为我们会让更多人看到你、听到你。

社交媒体：审查

我要很遗憾地告诉你，人们会在网络上搜索你。无论是招聘人员、活动组织者、潜在客户，还是你孩子朋友的父母，都可能喜欢打探他人底细。因此你需要了解别人在社交媒体资料上认识到的你是什么样子。你掌握着这些资料，所以它们透露什么、隐藏什么都完全取决于你自己。但是，一旦你决定要提高自己的曝光度，那么你就需要确保自己在目标受众所在的平台最为活跃，那个平台上的资料应该是最完整的，能够展现出你最好的一面。

比方说，你想要在拼趣上分享营销高手秘诀、吸引粉丝。

你的拼趣资料是怎么写的？你放了自己的照片或者参加客户活动时拍摄的照片吗？你分享过哪些实用的内容？你是否会定期与这些未来有望成为营销大师的受众进行交流？你是否发出过某种行动号召（"关注我的账号""阅读我的 PDF 指南"，诸如此类），人们是否清楚你擅长做什么？

或者假设你现在迫切希望换个工作，而且你知道自己所在行业的猎头经常在领英（LinkedIn）上搜索求职者。你的领英资料是怎么写的？你是否拍过专门的个人资料照片（而非自拍）？你是否经常发布你观察到的行业趋势？你是否在这个平台上与相关的从业者互动？你的个人资料中是否提到了自己获得的任何证书、奖项或认证？那些招聘者是否清楚你擅长什么以及你有什么与众不同之处？

想要完善某个平台上的个人资料，可以先问自己以下几个问题：

▶ 你在传达什么内容？

▶ 你的个人资料展现出了什么？

▶ 你怎样才能完善自己的资料，吸引目标受众？

▶ 你是否经常更新？

▶ 你展现出的信息是连贯的吗？

▶ 你展现出的信息前后一致吗？

▶ 你展现出的信息是否适合这个平台？

▶ 你发出过行动号召吗？

▶ 你是在大放光彩还是收敛光芒？

社交媒体：改进

一旦你知道自己的个人资料目前处于（或没有达到）某种状况，请采取下一步，改进（或者从头开始创建）它们。从你信任的人那里寻求建议。如果你的行动团队有资格的话，可以请他们参与进来。

在中情局，我们有一种约定俗成的"石蕊试验"，叫作《纽约时报》测试：如果你曾经在各种行动方案之间犹豫不决，那就想想如果行动泄露，被刊登到了《纽约时报》的头版上，哪个方案会引起最少的尴尬或麻烦。

根据你的目的进行网络搜索测试。如果有人上网搜索你，他们的搜索结果会让你感到尴尬还是自豪？以此为指导，调整、完善和改进你的各个社交媒体和其他公共平台上的个人资料。

存在感：审查

正如我们在第一部分谈到过的，你的存在感也很重要，非常重要。人们在见到你时，会根据你的着装、打扮、姿态、握手、眼神、声音以及言行举止等因素对你做出一个快速判断。没必要感慨这样有多肤浅，因为人总是会根据外在的东西来衡量对方。人类在很多方面仍然停留在石器时代，所以接受这一点，继续前进吧。

然后，控制你能控制的东西。自我审查或从你信任的人那里征求建设性反馈。在你开口之前，你会给别人留下什么印象？在你开口之后，你会给别人留下什么印象？在你闭口不言的时候，你会对自己有什么评价？你的个人和职业声誉如何呢？人们觉得你是个可靠的人吗？你有诚信吗？你是个好人吗？你是否健忘，喜欢推卸责任？把所有的污痕劣迹都清理干净，展现最好的自己，专心致力于自己热爱的事业和使命。

你学到的一些东西将或多或少地与你想要达成的目标有关。因此，根据你的目标来过滤你的审查结果，然后……

存在感：改进

然后就是在需要努力的方面下功夫。如果你听说自己的妆容穿搭是扣分项，你可以找一位顾问或请一位朋友帮你设计。（前提是这位朋友了解你所在行业的职场妆容和穿搭！）如果你在说话时音量太小，显得没有分量，可以找一位声音指导。如果你因性格软弱而没有存在感，可以报名参加表演课。

不要一味地投资，钱要花在刀刃上。你可以在网上找到很多免费的教程，这样一来你需要投入的就只有时间和精力。或者你可以请教专家，这样一来你需要投入的就是金钱、时间和精力。审查你的资源，投资你能负担得起的东西（时间、金钱、精力），投资能够帮助你实现目标的东西（例如，如果你想成为公司的首席执行官，雇用造型师和声音指导可能就是一种较好的个人资源利用方式；但是如果你想在油管上成为一名美食网红，免费的网络美食视频教程就是最好的资源，你根本无须花钱雇用造型师）。要谨慎地、有选择地投资。因为你是在投资你自己，投资自己的使命。

有针对性地"泄密"：提高曝光度、提升形象

记住，法律并没有规定你的个人资料都要归入绝密，你也不是被《美国国家安全法》约束了手脚的特工。所以，一旦你为自己的个人资料打好了基础，你的个人形象也全部建立完成了，事情就变得有趣了。因为仅仅在社交平台上为你现有的和不断增长的目标受众发布一条信息是不够的，想要提高曝光度和影响力，你还需要利用其他人的社交平台和他们的受众。出于战略目的，世界各地的政府会有针对性地泄露敏感信息，你在聚光灯下也可以这样做。

无论是你关心的事业、你想传授的技能还是你想赢得的奖项，看到你做事的人越多，听到你讲述自己使命或信息的人越多——也就是说接受你战略性"泄密"的人越多——你的影响力就越大。泄密的效果可能需要过一段时间才能显现，但它们一定会有效果，有时是以意想不到的方式实现。而当它们真的产生影响时，你必须做好准备。因此打造你的形象和存在感十分重要。因为当你的目标受众（招聘者、星探、活动组织者、记者等）接收到你泄露的信息时，他们会搜索或四处打听你的情况，你要确保他们看到的、听到的是你最正确、最严谨的自我。他们看到的不应该是一张模糊的自拍和一些关于你癖

好的无效信息，也不是你有时在最后一刻才出手、缺乏策略、一点就炸的坏脾气。你要让别人看到你的最佳状态，让别人看到你做到了你自己觉得需要做到的事情。无论你处于职业生涯的哪个阶段，即使到达"行业顶端"，这一点都不会改变。

有时，这些有针对性的泄密会引发人们一连串的讨论……而这正是你想要的。人们会开始谈论你，向别人介绍你，在网上关注你，订阅你的邮件，做你做过的事情，追赶你的脚步。当这种情况发生时，你需要准备好向这些新的听众"泄露"自己的信息。不如我们从现在开始把"泄露"换成"推销"，怎么样？

自如地推销自己可以让你利用他人的关系、受众、网络和活动扩大个人形象的宣传。人们的讨论会引导相关受众找到你，这很棒，你也必须继续推销自己。你需要不断重复这个过程。

如果你对在哪里投稿、做什么内容没有想法，那就好好利用你的特工技能，跟着线索走：

▶ **关注你的同行及竞争对手**：他们获得了哪些奖项、提名或报道？研究一下细节，如果你也符合条件，那就报名参加。

▶ **留意行业会议或活动**：哪些与你、你的使命和你的信息相关？他们是否在寻找发言人或研讨会负责人？做好调研，然后毛遂自荐。比方说，你可以从当地的社交平台开始做起，然后逐步争取更大的舞台和更多观众。

▶ 研究那些你所在领域里有声望的杂志、出版物及播客：
找出这些媒体的作者、编辑、主持，然后将自己定位为撰稿人或嘉宾。同样，你可以从当地的报纸或广播电台开始做起，然后逐步扩大你的读者群体和观众群体。

这真的很简单：找出正在发生什么事情以及谁在负责，然后**毛遂自荐**（坦然接受拒绝，这只是提高曝光度过程的一部分）。不要过度复杂化，跟着线索走，创造你自己的模式，然后推销自己。这个世界——编辑、观众、主持人，以及你能想象到的几乎每一位观众——都厌倦了听到相同的声音，所以你可以作为一个新鲜的声音加入其中。

你不会总是得到自己想要的东西。在得到肯定的答复之前，你要无数次忍受别人的拒绝。一个接一个的否定答案，一个接一个的肯定答案，总有一天你会接触到你想接触的人，实现你想实现的目标。

记住：做事不声张、不留名不是我们提倡的高尚美德。同样，做事高调留名也不应当被斥责或贬低。世界需要而且希望从有趣的人那里听到有趣的观点，没错，这个有趣的人就是你。

所以，不要再畏首畏尾了，学会"泄密"吧！

上级指令

对我们大多数人来说，推销自己并不是一件可以轻易做到的事，但我可以自信地说，我已经帮助过无数人（包括我自己）提高曝光度，更自如地推销自己，你可以做到这一点，而且你可以按照自己的方式做到这一点。尽管可能遭遇厌恶和拒绝，你仍然可以继续前进，因为你宏大的梦想和目标需要你这样做。

因此，如果你发现自己的热情衰退，畏首畏尾，请记住：如果你不被人们看到、听到，你的产品、知识、见解、服务、幽默和故事就无法帮助任何人。

按你的方式去做，为了你想帮助的人去做，这不仅仅关乎你自己。

自我充实，但不要成为自大的人

关于提高曝光度，这是我要说的最后一件事。某些人在提高曝光度之后可能会走上痴迷于赚取名声的下坡路，但那不是你的本性（我当然知道了，因为我的耳目无处不在）。你不是那种会走下坡路的人，如果你担心自己会走下坡路，可以用行动团队来制约自己。

因为我对你的了解是这样的：你很优秀，你有能力，你可以为自己发声，你有分享的价值。我对大多数事情都持怀疑态度，但是对人类却深信不疑。我知道你很好，大多数人都很好。

所以，请分享你的一技之长。用你的一技之长来帮助你自己或是其他人的生活变得更加美好。你有可以贡献的东西，所以要贡献出来。这个世界上还有数十亿人类同胞，他们无从散发光芒，无法被看到听到，甚至连考虑这些事情对他们而言都是一种奢侈。所以，请利用你所拥有的特权，代表那些无法这样做的人，让他们大放光彩。事实上，你可以成为其他人的榜样，他们可能迫切需要看到你的出现。接受这个事实。

你可以用你的一技之长造福社会和他人，这样，你将会功德无量，取得的成就也会远超你的想象。

关键情报

- 提高曝光度会帮助你实现你的目标。我来重复一遍：提高曝光度会帮助你实现你的目标。
- 你可以分享和贡献的东西远比你自己认为的多，你可以通过挖掘自己来发现你的"宝藏"。
- 不要贸然冲进这个新世界，不分青红皂白地大喊大叫。决定好你想接触谁，你想如何接触他们，你想分享什么，以及你分享的东西将如何给他们的生活带来价值。

● 审查并努力提升你的社交资料和个人形象及声誉；控制你能控制的东西，并对有资格向你提供反馈的人持开放态度。

● 投入资源，改进需要改进的地方。将你的投资与资源和最终目标相匹配。

● 利用有针对性的"泄密"来推销自己，不要等待被伯乐发现。

第十章 | 谍报技术

案卷：成为你想成为的榜样

怀第一个孩子的时候我真的很焦虑。不是要当妈妈、养孩子或怀孕本身这件事让我焦虑（在这些方面我都很幸运），之所以焦虑是因为我想到了自己以后会不可避免地成为怎样的人。我很害怕人们在我生完孩子后只会把我当作一个母亲，就此让我远离职场；我害怕自己在产后身材走样，再也无法恢复原来的身材，也练不出腹肌了；我害怕生孩子、养孩子会拖累自己的事业。对于当妈妈的意义和当妈妈的生活会是什么样子，我的脑海中有很多可怕的想象。

我讨厌这些想象。

因为即使有了孩子，我仍然希望被当作一个独立的人来对待。即使因为腹部隆起和母乳喂养而变得圆润，我仍然想保持健康和健美。即使需要一路呵护这个小小的生命长大，我仍然希望能够坚持不懈地追逐自己的梦想。

但那似乎是不可能的，而我讨厌不可能。

所以我开始挖掘、搜索案例。我查找到了一些在生孩子之后也没有放弃自我或梦想的女性的故事。我找到了那些在参加职业比赛期间怀孕的运动员。我从自己的朋友中精心挑选了一些案例，重点关注那些有好几个孩子但是仍然能够掌控自己事业的母亲。我尽自己所能寻找证据来证明自己那些糟糕的担心是错的，竭力证明还有其他可能性——我能够接受的可能性。

你猜怎么样？我真的找到了。一个又一个真实故事，主角是现实生活中的女性（有些我认识，有些我不认识），她们没有让"母亲"这个角色取代自己原本的身份，她们还是她们自己，她们注重自身，牢记自己的抱负，伴侣之间感情深厚，孩子也健康成长。

但我必须向自己证明我也可以做到这些。既然已经知道了别人能够兼顾好母亲和自我这两重身份，我必须知道自己能够做到什么。所以我选择成为一个尽心尽责的母亲，也选择继续坚持自己的事业。我选择看着我的宝宝迈出她人生中的第一步，也选择迈出自己的一小步，找回健美强壮的自己。我很爱我的女儿，我会为她留出时间，同时我也很爱惜自己，会为自己留出时间。我有和女儿的专属回忆，也有和丈夫的专属回忆。

我没有放弃自己。我没有向不可能屈服。我成了自己想要成为的人——一个爱自己的母亲，一个珍惜她所创造的新生命同时也珍惜自己生命的人——并成了我一直在寻找的榜样。方法就是做出选择。而通过寻求帮助，我得以做出这些选择。

因为这就是生活对我们所有人的要求。有时候你会寻找榜样，却找不到一个能够符合所有条件的人。你在这个世界中寻寻觅觅，却一无所获。向外部求助无济于事，为了成功，你无奈之下寻求内部的力量。你必须选择和规划自己的道路。

成为自己的榜样并不意味着要单打独斗。你需要获得支持，寻求帮助。在前进的道路上向他人借力，这不会让你变得软弱，而是让你接受现实。

即使前无榜样，罗杰·班尼斯特（Roger Bannister）还是成了第一个在 4 分钟内跑完 1.6 千米的人，他选择绕开"不可能"这个拦路虎，成了自己的榜样。多亏了其他两名跑步者，班尼斯特才能够保持自己的速度，没有他们，他也不可能成为第一人。即使前无榜样，C. J. 沃克夫人（Madam C. J. Walker）还是成了美国第一位白手起家、身家百万的女性（也是第一个白手起家的黑人女性），她选择绕开"不可能"，克服了巨大的种族障碍和社会障碍，成了自己的榜样。沃克夫人雇用了 2.5 万名销售代理帮助自己扩展业务，没有他们，她也不可能成为第一人。

他们的伟大之处从来都不在于单打独斗，而是开拓一片无人涉足的疆域。

因此，如果你的道路前途未卜、捉摸不定，如果没有人能告诉你该怎么办，如果你找不到一件事的成功案例，请记住，在这种情况下你必须成功，才能让别人看到此路可行。我们都具备这种力量。而变得更大胆需要我们承认并释放这种力量。当然，是为了别人，但首先是为了我们自己。

在中情局工作让我的生活更加充实，其中一点就是我有机会与一些杰出的"我行我素"的榜样人物一起工作，而且学到了在组织中盛行的"化腐朽为神奇"的精神力量。曾经有一位上司建议我，"与其请求允许，不如请求原谅"。言外之意就是"在规则范围内行事，但要学会充分利用规则"。

不过，我在加入中情局之前就已经很熟悉"我行我素"的榜样人物和"化腐朽为神奇"的精神力量了，因为这二者在我们家中都能看到。我的母亲常常告诉我，作为有色人种，作为女性，我必须比白人或男性同行至少多付出一倍的努力，但这绝不是我停止前进或放弃的借口。言外之意就是"知道你要面对什么，但不要因为其他人的胡言乱语而停止脚步"（就是这个女人，在她 50 多岁的时候离开了自己所在的团体医疗机构——是的，50 多岁！——开了她自己的诊所，变得势不可当）。

所以在我开始自己创业的时候，不可动摇的毅力和一切皆有可能的信念都深深地印在了我身上。但我还没有向自己证明我能在商业环境中做到什么程度，所以我调整了这些经验。为了追求自己的使命，我把自己所有的生活经验当作铁砧，锻造新的工具，开发自己的谍报技术，设计自己的技术和方法。

既然我可以，那你也可以。接下来，我将指导你如何开发自己的谍报技术，设计自己的技术和方法——一如我自己所做的和我帮助其他人所做的那样。我将向你展示如何为追求自己的使命改写规则，利用你的全部武器，创建你所需的工具。

改写"规则"

说个讽刺的事：我是个循规蹈矩的人。我喜欢整齐划一，我喜欢秩序。哪怕在最无忧无虑的时刻，我也很谨慎（我姐姐总是喜欢讲起这个故事：我 18 岁时在她举办的家庭聚会上喝得烂醉，但是我仍然小心翼翼地在自己的耳朵上挂了一个塑料袋，这样就不会吐在她的卧室地板上了！）。但我也认为很多规则（以及它们的表亲社会惯例）都很愚蠢。如果机场没有人排队，我会爬到绳索障碍物下面（这让我出生在英国的丈夫十分震惊）；我用左手吃饭（这让我的祖母十分震惊）；我和男人们坐在一起。我希望打破常规。我会打破常规。

我不是个无政府主义者（我也不提倡无政府主义），但我善于思考，我喜欢在认真思考后质疑一些事情的做法，思考是否有更好的方法。事实上，我强烈建议你这样做。我们已经一起做了很多工作来分解假设、质疑来源和探查情报，所以我们要再接再厉，看看你将如何利用、解读，或改写那些阻止你目光长远、优化领导、敢想敢为的社会惯例。

第一性原理[1]——多问"为什么"

我的父亲是一名外科医生，但是在性格上却像一名工程师。他一直鼓励我们在做任何事情的时候都要掌握并真正理解其原则、基础和原理，这样我们就能对建立在这些基础上的一切内容做出明智的决定。无论是理财还是建造楼房，这种

---

[1] 第一性原理指的是回归事物最基本的条件，将其拆分成各要素进行解构分析，从而找到实现目标最优路径的方法。——译者注

"第一性原理"的锻炼十分宝贵,因为它为我提供了一个探查和询问"为什么"的基础,最终找到事情背后的原因,真正理解它。

幸运的是,我的女儿每天也会提醒我第一性原理(如果你的家里也有一个还在蹒跚学步的孩子,你绝对会感激我接下来要分享的内容),无论何时,无论何种情况,她总是会问我"为什么",直到她心满意足,真正明白了"为什么",不然她不会停止发问。

"我为什么必须去睡觉?""因为现在是睡觉时间。""为什么现在是睡觉时间?""因为我们要在一天结束的时候睡觉,这样我们的大脑和身体才能休息。""我们为什么要休息?""因为我们每天在学东西和做事情的时候都会消耗能量,所以我们需要通过休息来恢复能量。""我们为什么要学东西?""因为生活就是要学习和行动。""为什么生活就是要学习和行动?""因为不然的话生活就会很无聊,我们也会很无聊。""为什么?"我们不停地回答孩子的问题,不管花多长时间,直到她心满意足,直到她真正理解。

这种对"既定"世界的第一性原理——询问"为什么"的方法对我们所有人而言都很实用,无论是在生活中还是在商业中,在所有事情上,因为从逻辑结论来看,"为什么"具有强大的启发性。

几年前,我陷入了一场与社交媒体的战斗中,这让我很郁闷(我不知道该如何使用它),我当时就在想自己到底为什么要用社交媒体。然后我意识到自己在问"为什么"。"因为我和我的社交媒体经纪人解除了合约，她太差劲了。"为什么？"因为我盲目地信任她，回报却不尽如人意。"为什么？"因为我很高兴不用亲自经营社交媒体了，因此没有检查她的工作，我忘了委派并不意味着放弃。"为什么？"因为你可以信任别人，但需要验证你的信任……"

从与自己的一问一答中，我又想起了在管理、责任和所有权问题中收获的教训。我回想起这点只是因为对某个人失望了，并不意味着所有人都会让我失望。因此，我请自己那位优秀的虚拟助理来帮忙运营社交媒体，后来又找了一家社交媒体公司来帮忙。但是如果我一直只是反问"为什么"，却不采取行动，那么这种因为问"为什么"引发的变化（重新委派一些不必亲自完成的事情，不放弃寻求帮助的机会）就永远不会发生。

每当你感到沮丧，每当你问自己"为什么是这样"或者"为什么不是这样"时，这都是一个机会，可以让你发现一些东西，回到第一性原理，然后按照该原理采取行动。所以不要只问不做。

你认为你的企业今年需要扩大规模吗？为什么呢？你认为自己需要雇用更多员工吗？为什么？你认为自己需要在脸书（现已更名为元宇宙）上发帖来吸引客户吗？为什么？你认为自己需要考虑其他的投资策略吗？为什么？你认为自己需要换个职业吗？为什么？你认为你无法实现自己的梦想吗？为什么？

多问"为什么"。

有更好的方法吗？

一旦你了解了事情的本质，一旦你掌握了第一性原理，你就可以决定怎么做了。如果这些常规是合理的，很好，你可以在需要时按照自己的方法加以改变。如果这些常规不合理，没关系，你可以打破这些常规。

举个例子：在大女儿出生之后，我仍然在全职经营自己的事业。我记得自己担心过如何做好这两件事：掌控自己的事业和做一个好妈妈。我曾经以为我必须把自己的"工作"与"当妈妈"分开，但这不是一个选择题。我有两种需求。因此，我开始运用第一性原理。我之所以认为自己必须把"工作"与"当妈妈"分开，是因为愚蠢的社会惯例告诉我们应当如此，它们一直强调要把"工作"和"生活"分开。但我认为这不是很合理，于是我打破了这个常规。

我带着襁褓中的女儿参加投资人会议，没有事先询问是否可以，也没有表示抱歉；我在和合作伙伴通电话时给女儿喂奶，没有事先询问是否可以，也没有表示抱歉；我带她参加了自己担任演讲人的活动，没有事先询问是否可以，也没有表示抱歉；我的丈夫带她去参加了我担任主持人的活动，没有事先询问是否可以，也没有表示抱歉。我打破了这个常规，改写了"必须将生活与工作分开"的不成文规定。

我也替那些可能不知道可以自己改写规则的人改写了规则。在我主持的商业活动中，我告诉在场的所有父母，欢迎他们的孩子与他们一同出席。他们不必在父母和专业人士的身份之间做出选择。将工作与生活分开这个说法令人困惑，简直是胡说八道，因为工作就是生活的一部分，生活也需要工作。客人们参加我主持的活动时都带着自己的孩子。他们不会总是带着孩子来，但是如果他们需要或想要带着孩子的话，都可以。

我们改写了那些基于错误原则的规则。

还有一个例子：女性仍然常常被告知我们应该像对待生病一样对待怀孕，孕妇的身体极其"脆弱"，所以应该少走路，吃两人份的食物，尽可能少运动。我们为什么要用一种如此愚蠢、幼稚的方式来对待可以孕育生命的身体。仅仅是为了创造生命？

于是我选择打破这些"规则"。我问了很多"为什么"，发现这些规则都站不住脚……后来我求助于常识。在我们家，女人们一直都在农场里工作，在家里生孩子，甚至不用借助现代医学。"坐着不动，什么都不做"的原则并不适用于所有女性，当然也不适用于我，我怀孕时很健康，没有出现妊娠并发症。

所以我继续锻炼，像往常一样活跃，从未停止工作。在大女儿出生的三天前，我还在健身房里，但是健身安排有所调整。而在二女儿出生前两周，我还在做俯卧撑。我改写了那些不适用于我的规则，这些规则带着大男子主义色彩，默认女性是弱者。我在这个过程中也为其他人改写了规则。在健身房里，有许多女性过来告诉我，她们看到我在怀孕期间锻炼身体，于是向医生和教练咨询了孕期的运动禁忌，后来也像我一样在怀孕期间坚持适度锻炼。

所以，朋友们，不要认为任何事情都是理所当然的。任何贬低你，阻碍你，与你个人相悖的事情都可以质疑。多问"为什么"，让问题在逻辑上引导你找到第一性原理。然后打破、改变或忽视那些需要被打破、改变或忽视的东西。

在有人尝试之前，一切都是"不可能的"。而那个将"不可能"改写为"可能"的人也许就是你。

充分利用你的"军火库"

将"不可能"改写为"可能"，开发自己的谍报技术，还需要你充分利用自己的全部技能、品质、身份及其带来的一切，以及你在人生旅途中获得的所有关键情报。不要将你所拥有的一切视为理所当然，也不要让它蒙上灰尘。下面我们就深入研究，全面盘点你所拥有的一切，好好打磨它们，并以全新的方式妥善利用它们。

你的私人军火库

在战区服役时，我的无线电呼号是"阿尔塞纳"，是为了纪念伟大的阿尔塞纳·温格（Arsène Wenger）缔造了英超球队。我曾经天真地以为，在战区中任何听到我使用这个呼号的人都会和我聊自己最喜欢的球员［如果你想知道的话，我最喜欢丹尼斯·博格坎普（Dennis Bergkamp）] 和最难忘的比赛 [我还记得 2002 年 10 月对阵埃弗顿，韦恩·鲁尼（Wayne Rooney）结束了我们的不败纪录，2010 年 2 月对阵斯托克城，瑞恩·肖克罗斯（Ryan Shawcross）铲球导致阿隆·拉姆塞（Aaron Ramsey）的右小腿当场折断……那个画面我永远都忘不了]。不过很遗憾，这片荒地上的阿森纳球迷并不多，我唯一一次遇到的阿森纳球迷是个保安，他问我是不是因为热爱足球所以选了这个呼号，他舔了舔嘴唇，说我"百分百是个阿森纳球迷"。

好了，忘记这次令人作呕的搭讪，充分利用你的"军火库"，这是被我们很多人遗忘的宝贵的一课。我们很少对我们自己和我们的资产进行清点。我们总是忘记它们，认为这些都是理所当然的，认为这些本来就该属于我们。我们没有充分意识到自己所拥有的一切。但是以后不会再这样了！你正在分析一切，改写规则，开发谍报技术，向高处迈进。而你需要利用自己力所能及范围内的一切来做到这一点。因此，让我们来清点一下你的"军火库"中的所有武器，包括：

▶ **智力武器**：你能做什么，你学到了什么，你的心态。

▶ **社会武器**：你认识的人，你的地位，你的声誉，你的影响力。

▶ **家庭武器**：家庭关系、情感支持、实际支持。

▶ **财务武器**：你目前拥有的、赚取的或买来的东西。

▶ **人际关系武器**：你的社交网络和延伸关系。

▶ **个人素质武器**：你的能力和外表。

▶ **声誉武器**：人们对你的评价，你的人生故事。

并非所有的武器都一样，这也是它的乐趣所在：你不得不使用创造力和聪明才智，以最佳方式使用你的武器组合。如果需要的话，你可以打磨现有的东西，并尝试从现有的东西中打造新的工具来弥补空白。

但是你首先需要知道自己要处理的是什么。所以，坐下来思考一下，写下你拥有的全部资产，用它们帮助你实现你想实现的目标，成为你想成为的人，做你想做的事，拥有你想拥有的东西。现在，记录下哪些武器因过度使用而磨损，哪些武器因忽视而蒙尘。把这些武器换新，使它们都派上用场。

我并不是说你应该用你拥有的工具去获取你不应得的东西，但你绝对应该用你拥有的工具去获取你应得的东西，并实现你有能力实现的事情。

很神奇，我们生活在一个任人唯贤的世界——无论你在哪里生活，无论你在哪里工作，都是如此。在你以为自己"应得"的时刻，没有人在那里看着你，等着奖励你。因此：

如果有人际关系能帮你向合适的岗位投递简历，那就利用这些人际关系，让自己的简历出现在合适的人面前吧。

如果家人支持你，可以帮助你开创事业，那就接受他们

的支持吧。

如果笑容能让你得到更好的客户服务，那就继续微笑吧。

如果你有一段独特的生活经历，有助于你当选领导，那就让所有人都知道这段经历吧。

利用你拥有的所有天赋，不要浪费。

优秀的运动员绝不会贬低自己的魅力或美貌等其他优点，阻碍自己的职业生涯，你也不应该这样做。

外勤特工绝不会放弃自己的劝说技巧或自卫能力，耽搁自己的工作，你也不应该这样做。

首席执行官绝不会削弱他们的交易达成能力或人际吸引力，你也不应该这样做。

利用你所拥有的一切。充分利用你的武器，因为你所拥有的工具和天赋没有好坏之分，它们只是工具。像所有的工具一样，它们可以用来做好事，也可以用来做坏事。所以，用你的工具做好事，秉持正直，然后继续前进。

你的全源情报

在你的"军火库"中有助于开发谍报技术的另一部分是全源情报，也就是你从家庭、文化、遗产、爱好、书籍、播客、历史、科学、艺术、箴言中获得的智慧、经验和教训——你自出生以来就徜徉其中的人类经验宝库。记住它，借鉴它，以自己的方式使用它，为自己的使命使用它，并不断加以补充。留意别人讲的有趣的事情，去图书馆不同的分区浏览图书，在油管网上听讲座。睁大眼睛，认真倾听，把想法记录下来。学会收集信息，这里收集一点，那里收集一点，然后坐下来思考如何利用这些信息来实现自己的目标。

在我还是个孩子的时候，父亲经常让我帮助他处理办公室的管理事务，医生的管理事务真是没完没了。我的任务是把信折好，装进信封，贴上邮票，并确保信中的地址和信封上的地址一致。这是项无聊的重复性工作，但我从这里学到了关于效率的重要一课。父亲教我如何摆放厨房用具的位置，按照特定的顺序、小批量地行动，这样我就能够最大限度地减少多余的动作，最大限度地发挥批量生产的优势，这样一来还可以在不进行整体试验的情况下进行小的改进。现在，每当我进行琐碎的、重复的或管理的工作时，我都会用父亲教我的方法来计划、推进，尽量避免无效工作，批量处理。小时候翻着白眼忍受下来的无聊工作在长大后居然为我的事业带来了宝贵的时间和资源。谁能想到呢？

最近，我的表姐在给我做晚饭时随口说了一句"mise—en—place"（法语，意思是"各就各位"）。我以前从没听说过这个短语，于是请她解释了一下。这个短语的意思就是在烹饪前把你需要的所有食材切好，把你需要准备的所有工具摆放好。这样，你就不会把时间浪费在找东西上，也不会在来不及的时候才意识到少一种食材——整个烹饪过程无缝衔接，顺畅无比。不过因为我不做饭，所以我试图思考如何在商业环境中应用这个有趣的原则——将同样的情报应用到商业环境中。我做到了。我现在安排好了自己所有的商业项目，具体来说就是部署所需的全部支持团队，分派项目中的所有分支任务，确保每个任务都有人主导，并简要说明了每个人必须遵守的工作流程。只有在一切准备就绪后，我们才开始"烹饪"，项目的启动和交付过程变得像表姐的烹饪一样简单明了，无须多费心思。

这就是我所说的利用"全源情报"来开发你自己的谍报技术。生活中处处都是道理，但你需要注意它们，调整它们，然后利用它们。不是所有的情报在任何情况下都适用，但是每个情报都有其适用的情境。例如，我没有试着将自己对于天体物理学的业余爱好融入我的健身计划中，但我确实将自己从奈尔·德葛拉司·泰森 ❶（Neil deGrasse Tyson）的文字中获得的奇思妙想融入了我每天对生活的欣赏中。

每天会有很多情报汇入我们的生活中，所以要花时间关注你的情报流，让它们帮助你变得目光长远、敢想敢为，优化你的领导力，你的变化会远超自己的想象。

如果没有情报，那就创造情报

为了成功开发和实战自己的谍报技术，你需要习惯这样

---

❶ 奈尔·德葛拉司·泰森是一位以从事科学传播闻名的美国天文学家，有作家、主持、编剧等多重身份，代表作包括《宇宙时空之旅：未知世界》《宇宙尽头》等。——译者注

的想法：你可以成为你所需要的（几乎）一切的来源，无论这意味着成为自己的榜样或是创造你需要的工具。

在中情局时，为了更好地服务于我们的使命，我建立了新的伙伴关系。在商学院时，为了更好地填补内心的空虚，我举办了沙龙。在成为企业家后，为了更好地服务于他人，我为女性创始人创建了一个社区。在以上每个例子中，我都发现了一个空白，然后填补了这个空白。当然，你也可以这样做。

到目前为止，通过我们共同完成的所有工作，你已经重新发现了自己的力量、技能、资产和武器，也许你已经厌倦了我对你的称赞。好吧。因为我想让你清楚地知道自己的闪光点，坦然接受它，承认它，不再忽视它。

无论你追求什么，用你所有的武器，改写需要改写的，建造需要建造的，做需要做的。

因为你可以做到。

关键情报

- 改写那些阻碍你前进的规则和社会惯例。一件事情"向来如此"并不意味着它有充分的理由必须如此。
- 询问你认为可能或不可能的事情背后的原因，运用第一性原理；一旦你理解了"为什么"背后最深层次的逻辑，你就可以决定是否需要修正这个原则。如果需要，请通过确定一种更好的行动方式来修正它。

- 充分利用你的智力、社会、家庭、财务、人际关系、个人素质和声誉武器。这些武器没有好坏之分，它们究竟会起到"好的"作用还是"坏的"作用都取决于你利用它们的方式。

- 你的军火库还包括你从出生起就开始收集的"情报"。好好利用它，发掘新的使用方式。

- 利用你所有的知识和资产来开发你专属的谍报技术工具，为你和你的使命提供最佳支持。

- 你可以把自己的"不可能"变成"可能"。尽你所能去做你要做的事情。

第十一章 | 战术性忽视

案卷：为战斗做好准备

在战区服役时，我的主要职责就是向美国和国际部队的指挥官就中情局战备工作的最新分析做简报。我的位置很特殊，因为作为一名无军籍人员，我不在军队的等级体系内。因此，尽管我的汇报对象是一位将军，汇报内容干系重大，但是无论他高兴与否都不会影响到我的职业生涯。尽管如此，处在这个位置还是太尴尬了，我每天都要以谦恭诚实的态度工作。我做出的选择是不要使事情变得更加尴尬，不再自己吓自己，不去在意自己的汇报对象是多么"重要"的人物（他可是一位四星上将），而我又是多么"卑微"（那时我只有 26 岁，刚刚工作了几年）。我丢掉了一切关于地位和等级的杂念。

如果你的工作环境里充斥了明争暗斗，想必也很难不会为了上下级关系和人们的座次而困扰。但是为此困扰并不能帮助我完成自己的工作。因此，我选择战术性地安排自己需要接受和忽视的信息。我保留了与任务相关的信息（情报分析以及将军需要了解这些信息的原因），忽视了不相关的信息（谈话对象的重要性）。这样一来我就能保持清醒。

倘若将军对我表示质疑，我也不会惊慌失措，不过是有人提出了一个问题而已。我也不会因为他的质疑吓得躲到桌子底下。不止一次，我们的情报分析与将军手下的情报官员的汇报大相径庭；"我的指挥官可不是这么说的"，这句话真是让人坐立不安，五内俱焚。不过是有人提出了不同的意见罢了（而我的工作是用事实和证据来反驳这种不同意见）。我并不在意会议桌旁的眼神交流：人们只是面面相觑，如果他们选择不说出自己的想法也不关我的事。

我专注于工作本身，不会被外界的噪声干扰。

这并不是说我的工作方式就是横冲直撞，不管不顾。我当然是心怀敬意的。这位将军是位十分可敬的人。我称他为"先生"或是"将军"，我尊重他的地位，但我没有因为他的地位而看低自己的身份。我有一项工作，一项至关重要的任务。虽然级别有高低之分，但我们在并肩作战时肯定是平等的，所以我也意识到了我们拥有平等的地位。

这就是我们必须记住的一点：每个人都是平等的。也许我们在天赋、运气、智慧等方面天差地别，但生而为人，我们都是平等的。我们可以选择专注于自己与他人平等的地方，继续自己的生活和工作，也可以选择纠结于我们不平等的地方——在精神上困住自己，沦为别人的附属品。

所以下次你走进一个房间时，先想想自己是否属于那里。是的，你属于那里。你可能是拼了命进来的，也可能是被邀请的。这并不重要。但是，一旦你进入那个房间，就要做出你属于那里的样子——因为你的确属于那里——并完成自己的工作。

我在战区工作时学会了"战术性忽视"，这个策略在我此后所做的一切事情中（无论是职业还是个人生活）都发挥了令人难以置信的巨大作用。这个策略的强大之处就在于它的"战术性"。我从来不主张对于所有事情都埋头苦干（这不太像是老板的作风），但我强烈主张战术性筛选需要摄取的信息。

作为一名经常需要分析大量数据的前分析师，我自然知道调研的重要性。但是，作为一名与数百名领导者和创造者有过合作的首席执行官，我也看到了数据的"阴暗面"，过多的信息会阻碍发展、进步，以及抑制创造力，还会让直觉无用武之地。这就是为什么我们需要选择性地忽视，有意识地拒绝一些信息——也就是说，采取战术——因为这样一来我们就可以找到走自己的路所需的信心和创造力。我们不需要掌握全部的信息，适当的忽视可以将我们从过往的桎梏中解放出来，让我们免于扼杀自己的思想和使命。

接下来，我们将探讨如何做好"不充分"的准备，制定低信息量食谱，巧言推诿（如果一个问题的答案你并不关心，那么就不要问出这个问题），最终实现自己想要实现的目标。这是你的战术性忽视基础训练。

做好"不充分"的准备

几年前，我的一个朋友随口建议我自己主持一档播客节目。在受邀去他的播客做嘉宾之后，我和他成了朋友，他认为我自己有能力成为一名优秀的播客主持人。于是我决定试一试。我希望自己的节目关注女性创始人的故事（希望她们中能有更多人有机会走出阴影，走向成功），并通过我的各种人脉关系联系到了节目第一季的采访对象。

那时，我大可以研究其他播客主持人是如何采访的，总结常见套路和最佳风格，花些时间做"准备工作"，听听其他关于女性创始人的播客，确保自己的播客具备尽可能独一无二的市场定位。这可能是最高效的办法，但我没有这样做。这不是我的工作。我的工作是主持自己的播客，不是其他人的。所以我战术性地忽视了所有伪装成调研，实为"比较症"的噪声，有意识地选择适合自己的方式主持我的播客。

后来我开始采访，需要继续做出类似的选择。我大可以在谷歌上把每位嘉宾都搜个底朝天，了解他们人生故事的点点滴滴——远至他们出生后的第一次呼吸，近至他们最后一次的如厕细节——但是我没有。过度掌握采访对象的信息可能会破坏谈话给我带来的新鲜感，因此我了解信息总是恰到好处，能够与对方展开对话足矣（不要一点准备都不做）。我把注意力集中在工作上：进行一次有趣的、诚实的、有见地的谈话，在战术上忽视进行嘉宾调研的吸引力。

你猜怎么样？到目前为止，我已经采访了60多位创始人，没有一次谈话让我感到无聊，没有一次谈话拘泥于脚本，也没有一次谈话因为事先准备好了台词而显得生硬。每期节目都是随意的、自由的、有趣的、自然的。我们像日常闲聊一样交谈。正是因为准备"不充分"，我会真情实感地期待他们的回答，嘉宾也可以畅所欲言，我们碰撞出思维的火花。所有人都很享受这个过程，这样真实谈话的效果远远超过事先演练好一系列问题。

同时我也是个体贴的主持人。如果我请的嘉宾希望提前准备谈话内容，我会向他们提供很多开放式问题，让他们提前思考，也允许他们按照自己希望的方式做准备。我自己不会做充分的准备，但这并不意味着他们也必须跟我一样。我们达成合作，他们有他们的工作风格，我有我的工作风格。正因如此，我享受每次谈话，也在每次谈话中学习。

不深陷在准备工作中，使我真的拥有了属于自己的播客，而不只是怀揣着这样一个想法。在一开始，我掌握的信息有限，而且"不充分"——在知道如何播送节目之前我就准备好了录制片段，后来我在这个过程中发现并弄清了一些技术问题。

有太多人觉得自己还没有做好准备，因而迟迟不开始行动。他们忙于收集信息、攻读学位、考资格证书，等待别人在他们做好充分的准备时给自己一个出发的信号。但是这完全没有意义。如果你现在已经做了一些准备，那就带上你已有的准备出发吧，以后再想其他的，边走边学。钻研数据和细节不能等同于开始行动。这些都是准备工作，你只是在以此为借口推迟行动。

如果你想反对董事会最近做出的关于高管薪酬的决定，

不要纠结于薪酬规定和先例的细节。与董事会成员进行几次对话，了解他们调整薪酬的理由，然后予以反驳。

如果你想向公司的领导团队展示自己出色的营销理念，不要沉迷于研究以前的每个营销活动的具体细节，不要觉得必须先以最佳营销方案为课题写出一篇比较研究的论文才够资格进行一次完美的演示（你笑了，被我发现了吧，你就是个准备过于充分的人，尽管我们素未谋面）。收集必要的营销统计数据，然后就可以开始了。

如果你想向一屋子投资者介绍自己的创业想法，不要费心关注每个投资者的投资组合的细枝末节，而是针对自己创业项目的优势进行点对点的分析。收集关于投资趋势和模式的基础数据，为你的预期和陈述提供依据，然后就可以开始推销了。

如果你想晋升为公司的总经理，不要纠结于是否应该考取工商管理硕士学位，或者是否可以获得领导力认证，或者寻找其他形式的拖延性培训。专注于实际的工作要求，努力培养相应的技能，然后申请这份工作。

就是这样，这就是诀窍。做好"刚好足够开始"的准备，然后出发吧。

控制信息摄入量

利用战术性忽视走出自己的路，另一种方式是制定一份低信息量食谱。不是要求你完全不摄入信息，而是减少信息摄入量。

在第一次怀孕时，我有次（也是唯一一次）犯了一个错误：我在网上搜索了"高龄分娩"。当时我 36 岁，已经被打上了"高龄产妇"的标签。仅仅浏览了前两个搜索结果，我就吓得关上了电脑。我无法改变自己已经 36 岁的事实，所以我决定不再纠结于所谓的"高龄"风险。我了解自己的身体。我知道自己的健康状况。我大概知道会有什么风险，但我没有自寻烦恼。我决定相信自己的判断力，相信自己的身体素质，相信我的助产士。

我筛选了自己想要接受的少量信息：我可以 / 不可以吃什么食物，认识的专业人士告诉我可以 / 不可以做什么类型的运动，我相信自己的直觉。如果有什么让我觉得不对劲，或是有什么听起来不合理，我会提出疑问。但是我没有让自己陷入互联网的"黑洞"，让过度的忧虑毁掉我初为人母的体验。

在第一次开始创业的时候我也遇到了同样的情况。当然，我可以无休止地调研创业的风险，但生活中的一切都伴随着风险。因此，我只是与那些在同行业中有创业和扩展业务经验的人进行了交谈。我阅读期刊，用我的常识来分析其中的信息，我相信自己的直觉。我质疑需要质疑的东西，但我没有因此变得杞人忧天，没有因为要承担的风险太大而迟迟不肯踏出第一步。

我们都必须这样做。我们都必须筛选哪些信息是我们需要摄入的，哪些信息是我们不应该摄入的，或许有些信息根本就不应该出现在我们的餐盘里。并非所有信息都值得摄入，并非所有信息都具有同等的价值，并非所有信息都能够提供有用的情报。

所以，要调整自己的心态。专注于自己的目标。专注于你的直觉和情境意识，决定你需要什么信息，什么"信息"只会分散你的注意力或根本无法提供有用的"情报"。然后忽视所有与你所在意的或你想要实现的目标没有直接关系的信息。你需要大量取消电子邮件订阅，退出社交群组，减少广播电台和播客列表中的关注（整理、筛选所有你无意识地使用着的信息摄入来源）。你获取信息的途径要么会帮你走得更远，要么会拖你的后腿。不存在不进不退的情况。

毕竟，人如其食，三餐摄入如此，信息饮食也是如此。

上级指令

如果你从来没有想过每天都会有那么多噪声向你袭来，那么我要下达的指令听起来可能十分苛刻，但是朋友们，我们的大脑很强大，而且在潜意识中接收到的东西远比我们意识到的更多（"潜意识"这个词已经说明了一切）。因此控制我们的信息摄入量十分重要。因为无论我们是否注意到了信息的摄入，它们都在被处理。

就像我们在第一部分的情境意识练习中所做的工作一样，我们的信息摄入会对我们的输出产生影响。这不是魔法，这是科学。

所以你要选择摄入的信息，刻意留意它们。如果你总是和消极的人在一起，你可能会变得更加消极。如果你只读那些内容空洞的小说，你的脑中可能也是空无一物。如果你听言辞偏激的播客，你会将他们的愤怒情绪内化。我们很容易把这些事情视为"小事"，其实这些并非小事。一切都会留下印记。

要留意你正在摄入的内容，控制消极的、空洞的、引人愤怒的内容的摄入量。因为如果你有远大的目标、远大的梦想等——我知道你有，否则你不会走到这一步——那么你就需要在思考、领导和生活方式上做出一些重大改变。正如爱因斯坦所言，疯狂就是重复做相同的事，却期望得到不同的结果。

所以请停止做相同的事情。如果你不改变自己的信息摄入，就不要指望你的输出会有变化。这一切都很重要——当然，重要程度不同，但都很重要。不要忽视这些小事。它会对你能到达什么地方以及你需要多长时间才能到达产生巨大的影响。

巧言推诿

我二十多岁住在纽约的时候，我和当时的男朋友是周日夜店的常客。肉品市场区 ❶ 是个好地方，莲花酒吧在它的中心。我就是在那里碰到了兰尼·克拉维茨（Lenny Kravitz），他太迷人了！

去过夜店的人都知道，夜店有一些不为人知的神秘规矩。第一条规矩就是千万不要走到门卫面前问："我可以进去吗？"

千万别这么干。

这个道理在其他大部分情况下也适用。

你看，提问的力量十分强大，因为我们常常让答案决定结果。在一开始提出问题，就相当于把所有的权力交给了被提问者。但是你可以选择不提问，你可以选择自己决定结果，你可以选择自己掌握权力。

所以在以下情况不要提问：

▶ 你知道会得到否定答案的问题。

▶ 你可以凭直觉想出答案的问题，而这些答案会让你感到害怕，压制你的情感，让你不敢开口。

---

❶ 肉品市场区又称为肉库区，位于纽约曼哈顿中部西侧。这里原来是纽约的肉制品加工厂，现在已经成为纽约的时尚潮流汇集地之一，有众多美术馆、艺术画廊、餐厅和酒吧。——译者注

这就是战术性忽视。

如果不提出这个问题，你就可以巧言推诿——这是中情局的经典路数！

需要采取行动，还给世界一个既成事实。纯粹，却是天才之举。

对于那些会让你感到害怕，压制你的情感，让你不敢开口的问题，不要问这些问题。即使你知道情况对你不利，知道这些东西有多高、有多大、有多复杂又有什么用呢？所有这些"认知"只会给你一个借口，让你在开始行动之前就退缩。

因此，不要问"有多少女性成了《财富》500强公司的首席执行官"这样的问题，利用战术性忽视以及你迄今为止掌握的所有工具，成为一个例外，然后帮助其他人也成为例外。

不要问"有多少有色人种的人士成功创办了基金"这样的问题，利用战术性忽视（和"可能性的艺术"）以及你迄今为止掌握的所有工具，成为一个例外，然后帮助其他人也成为例外。

不要提问，要采取战术。

利用你的"军火库"，使用巧言推诿的技巧，利用你所拥有的一切，走出你自己的路。

关键情报

- 战术性忽视的强大之处在于它的"战术性"；你要根据自己当前的使命，仔细选择自己要摄入和忽视的内容。

- "战术性"有一部分意味着你要欣然接受准备不充分的情况，因为这会迫使你利用好自己已经掌握的信息，从容出发，而非借准备和学习之名拖延。

- 你很了解自己，知道各种信息摄入会对你产生什么影响，所以要剔除杂质，为自己制作低信息量食谱。

- 巧言推诿是一项技巧，有些问题不必提出，放手去做就好。

第十二章 不可动摇

案卷：寻找活着的感觉

在我生下第二个女儿后不久，我和自己的陪护进行了一次富有哲理的对话（生活中的重大变化总会召唤出我内心的苏格拉底）。我们谈到了西方社会，我们已经习惯了安逸的生活，以至于觉得自己必将获得幸福，我们也痴迷于追求幸福。我们躲避痛苦，规避不适，克服困难，试图希望摆脱任何令自己感到不自在的东西。

但是，如果我们放下对于幸福的追求，转而追求更深层次的东西呢？如果把追求幸福换成寻找活着的感觉呢？

我们都知道幸福是难以捉摸的。世界不亏欠我们任何东西。残酷的现实可以左右我们的梦想。生活不总是能按照我们的计划进行。一次又一次，因为事情就是这样，我们面临着挫折和挑战，波涛汹涌的水域和各种不顺心的事情。

但是，要真正体会这种感觉，在事情不顺利的时候顺其自然，接受生活的起起落落——这就是活着。体会活着的意义，我们可以从那些让我们不快乐的事情中找到意义，甚至在我们生活中最艰难的时刻也能充满目标和能量。我们可以体验艰辛——从中学习，从中成长，因此变得更加有韧性——而不是总是急于逃避它。

通过体会活着的意义——以及与之相伴而来的所有好的、坏的、丑陋的东西——我们可以在自己身上找到力量，如果我们只是强迫自己追求幸福，我们可能就不会知道这样的力量存在。我们可以由此了解到自己是多么的坚定。

亲爱的读者，我们在一起的时间已经接近尾声，我把一些最宝贵的经验留到了最后。这些都是我开发出来的工具和战术——作为中情局特工，作为首席执行官，作为移民者的后代，作为印度裔美国人，作为父母，作为有独特身份和人格的个人——这些工具和战术让我坚不可摧。

当然，我也会害怕，我也会不知所措，我也会感到疲惫。像所有人一样，我也会沮丧、泄气、被拒绝。但我从未让恐惧、不知所措、疲惫、沮丧、泄气或拒绝动摇过我，至少不会持续太久，我不会为此停下脚步。

为什么不会停下？因为我的内心强大，我学会了相信自己的力量，我驾驭了成为"唯一"的力量，实现自己的目标，我是"可能性的艺术"的忠实实践者。这就是我送给你最后的礼物，也是最后的谍报技术，最后一件可以纳入"军火库"的武器。

学会坚强

小时候，每当我和兄弟姐妹们考试拿不到满分时（即使是 98 分），我的父母也会问："另外两分扣在哪里？"父母总是对我们寄予百分百的期望，这很好，但也很让人恼火。不要这样想："做自己太难了，我已经尽了最大的努力，可是永远都不够好。"你要这样想："我的父母认为我有能力做到更好，也许他们是对的。"这就是言外之意。这不是强迫性的完美主义，而是一种内化的方式，深爱我的人认为我的能力比我自以为的更强，并帮我把自己的标准定得更高。

所以我学会了把自己的标准定得更高。而且，无论我有多么优秀，我总是在寻找方法，让自己变得更优秀、更敏捷、更聪明。感谢我的父母，建设性的批评已经成了我的伴侣，而反馈是我的朋友。

所以现在我问你：另外两分扣在哪里？你对自己的标准定得够高吗？你是否因为忽视了潜在的有益反馈而感到失落沮丧？

我还记得，在刚进入中情局时，我非常兴奋地将我的第一份分析报告草稿交予一位高级分析师审阅。我认为自己做得很好，期待收到一些简单的修改意见和铺天盖地的表扬，却没料到收到了一份带着满篇通红的修改意见的文件。我很震惊。我很聪明，也很缜密，所以自尊心使然，我不大习惯收到评价没那么好的专业反馈。但是我并没有怒气冲冲地走进高级分析师的办公室，跟他说他是错的，也没有在我的朋友面前发牢骚。我读了他的意见，接受了这些意见，修改了需要修改的地方，而且——关键在于——这些修改提高了我的报告质量。

他的意见并非针对我。这位高级分析师只是指出了我的报告很糟糕，并没有说我做人很差劲，不配做这份工作。这两者之间有很大的区别：我作为一个个体的价值是不言而喻的；但我的报告的价值则不是。这也是你可以选择的接受反馈的方式。他人的反馈不是对你个人的评判，仅仅是对你在一件小事上的表现的评价。反馈可以让我们变得更好。我们也能够更加客观地、不带个人情绪地看待他人的反馈即使这些反馈来自那些令我们反感的人，或者反感我们的人。

在战区，我有一个同事不喜欢我，从不放过任何机会以提供"友好建议"为幌子批评我。每次她这样做时，我都强迫自己（哪怕是咬牙切齿地）将自己听到的内容与这个人分开，接受那些能让我成为更好的分析师和中情局官员的建议。我不喜欢她说的话，哪怕她说的是对的，但如果她说得有道理，我会接受，用她的犀利的言辞之剑充实我自己的军火库。这是我们所有人都必须采取的方法。不要盲目地赞同每个人对我们个人或是我们工作的评价。但是要听，要反思，然后要以谦虚和慷慨的态度来改进可以改进的地方，不管我们是否喜欢这个反馈的人，只要他具备反馈的资格就好。

一个在中情局工作了几十年的高级分析师当然有资格给我反馈，我应当接受，而一个和我同样青涩、没有工作经验的分析师同事则不具备这种资格。一位有多年战区工作经验的同事当然有资格给我反馈，我应当接受他给出的反馈（即使这个人很讨厌），而一个没有工作经验的同事则不具备这种资格（即使他们很友善）。在我们的个人生活中也是如此。我那十分注重健康的丈夫当然有资格告诉我什么时候应该多锻炼，而我那些成天瘫在沙发上的朋友们则不具备这种资格。我欢迎来自那些具备资格的人的反馈和建议，忽视不具备资格的人对于我的反馈。

我们都可以在某些方面做得更好，为了变得更好，为了看看我们有什么能力，我们需要从那些比我们更了解某个领域的人那里得到反馈，或者从那些比我们更成功地做成了我们想做的事情的人那里得到反馈，即使这个人并不友好。现实就是，没有人有义务喜欢我们，赞同我们。我再说一遍：没有人有义务喜欢我们，赞同我们。因此，如果他人的反馈并非我们期望的夸赞，我们也必须欣然接受。我们必须足够坚强，从反馈中吸取教训，而不是被它摧毁，不要太过敏感，给自己制定过低的标准。

成为"唯一"的力量

正如我们可以选择将难以听到的建设性反馈视作一个变得更好和更坚韧的机会，我们也可以将成为"唯一"的那个人视作一个重新设置行程的机会，而不是总是将其视为负担。

听着，无论在什么情况下，成为"唯一"的那个人通常相当艰难。唯一的女性，唯一的美国人，唯一的有色人种，唯一的普通公民……这可能伴随着巨大的压力和让人喘不上气的期望。你不再是你自己，你（不情愿地）成了一个群体的代表，你所做的一切都被过度审视。如果你做得很好，人们会认为这是理所当然的。但是如果你搞砸了，这就会成为你所代表的群体的特征，成为与你有相同身份的其他人的固有缺陷。然后，这种曲解被用作不再雇用、依赖、信任"像你这样"的人或是不与"像你这样"的人合作的借口。你必须做到最好——就像我妈妈常说的那样——因为如果你做不到最好，其他"像你这样"的人就不会再获得机会了。当然了，有时我们背负的恐惧和压力只是出于想象，但有时它们是真实的。

所以，就像我说的，成为"唯一"可能是个相当艰巨的任务。但它也可以很棒。它也可以是一个美妙的机会。因为成为"唯一"意味着我们会脱颖而出。我们可以利用自己的脱颖而出，挑战"像我们这样的人"的概念，推动世界向前发展，激励或改变他人，让他们变得更好。

许多年前，我坐在英国郊区的公交车上，静静地阅读《经济学人》。坐在我旁边的白人老头一直越过我的肩头偷看，所以我最终把杂志向他倾斜，好让他的脖子休息一下。他笑着问我在读什么。我告诉他这是《经济学人》，声音里带着不加掩饰的无奈。令我惊讶的是，他又接着问："那是什么？"我解释说这是一本政治和时事杂志，然后就轮到他明显感到惊讶了。"哦！与宗教无关吗？"他说，"我以为像你这样的人会阅读跟宗教有关的内容呢。"

现在，你可以尽情解读这段对话中的言外之意了，因为我肯定也这么做过。我的第一直觉当然是翻白眼，感觉有些被冒犯到，因此对这个不知道《经济学人》是什么的人更加不屑了。不过我选择了反其道而行之。如果我是唯一一个与这位先生真正进行过对话的有亚洲血统的棕色人种——我相信我是——那么我可以把这次对话当作一个机会。不是为了教育他，帮他摆脱无知——这绝对不是你作为"唯一"的某种人的工作——而是为了通过一些微不足道的互动来改变人们的看法。因为作为唯一一个与他交谈过的棕色人种，我具备一种力量，我可以利用这种力量为棕色人种正名，打破愚昧。

你看，我没有天真到以为我和这个陌生人的一次短暂对话就能够永远改变他的世界观，但至少在那一刻我改变了他的世界观。也许那一刻会持续起作用，也许不会。但我做了自己能做的事，将更广泛的社会对话向前推进了一毫米。这就是成为"唯一"的力量。当我们引人注目时，当人们因为我们身份的某些方面而关注我们时，我们可以把注意力转移到其他人可能看不到的事情上。也许，往好的方面想，这能为我们自己和他人带来更好的改变。

在中情局，当团队中只有我自己的名字一直被上司们叫错时，我会特意纠正他们，然后他们也提出要学习如何正确地说出其他非美国白人的名字。我是唯一的"鲁帕尔"，不是鲁保罗（Rupaul）、鲁帕尔（Rupaal）或者鲁伯特（Rupert），这可以让我的上司们在叫那些名字"有趣"的同事们时少一点尴尬。

在投资者交流活动中，当我是唯一的女性时，我特意指出自己的唯一性，让活动组织者看到了向其他女性投资者敞开大门的可能性。我是唯一的女性，这让我可以为所有前来参加活动的女性投资者排除一些困难。

在一个偏远的前哨基地，当我是一顶帐篷里唯一的女性时，在满是经验丰富的特种部队硬汉的帐篷里，我刻意展现了自己在他们的地盘上超强的适应力和吃苦耐劳的精神。我是他们中唯一的一个20多岁的女性分析师，这让我可以用自己的风度、自信和严谨的思维，降低未来的女同事们进入那里的难度。

在所有这些细微的互动交流中，这些由我们选择忽视或承认女性的唯一性而造成的潜在摩擦会增多。如果我们不用自己的力量去打破陈腐的、刻板的观念，那么那些耀眼的霓虹灯警示牌就会牢牢地插在那里，警示其他"像我们这样的人"禁止入内。

因此，当你是"唯一"的某种人时，是的，请接受所有的压力以及随之而来的审视，但也要看到它带来的调暗霓虹灯警示牌的力量、机会和改变的潜力。

寻找借口或行动起来

在认识到我们的力量之后，我还要提醒你我们的期望和标准中拥有的力量。

每年年初，我都会和客户就他们的职业规划、生活计划和来年的目标展开很多严厉而充满关怀的对话。这种"严厉"在于鼓励（强迫）他们对于自己寄予更多期望。不要用自我责备的要求给自己带来过重的负担，把标准定得高一点，这样他们就可以向自己证明，他们能做到的比他们原本以为的要更多。我基本上与他们进行的都是"另外两分扣在哪里"这种对话，感谢爸妈给我带来的灵感！我这样做是因为人类对于期望的反应是出了名的敏感。别人对我们的期望和我们对自己的期望会导致我们状态的变化。这就是为什么我们经常需要提醒自己，我们可以找借口，也可以实现目标。

这是永恒不变的真理。

在大女儿出生之后，我全职经营着一家公司，在哺乳期召开投资者会议或打重要电话。在身上出现并发症后，我每天都要散步一个多小时，因为我需要离开健身房一段时间静养，但又不想放弃管理自己的身材。后来又经历了一次重大的经济冲击，我果断地削减了投入个人生活和事业的成本，开始努力赚更多钱。我每天都会洗澡。无论我有多忙，我都会整理自己的床铺。我的房子每天都很整洁，就像我希望的那样。不管我是否生病，刚生完孩子还是极度疲惫，我都有一些关键的、基本的标准，我从不降低这些标准。

但我不是一台机器。我做出选择——选择自尊自爱而不是自我牺牲，选择自我关怀而不是自怜自艾，选择自我保护而不是自我毁灭。我能这么说并不是因为我在所有方面都是超人，而是因为我非常普通。我和你一样。

你也做过同样的事。在想要放弃的时候，你坚持了下来。在想要放手的时候，你也曾奋力一搏。在知道后退有多么简单的时候，你找到了前进的道路。在人生的不同时期，你在生活的不同阶段都做出了积极、富有成效的选择。你做到了。请注意，你要意识到自己的力量，因为我们很容易认为别人比我们更优秀、更有弹性、更明智地工作，或更幸运。但这些（通常）不是真的。你可以做出选择，让你自己更加优秀，更有弹性，更明智地工作或者更加幸运。你可以选择不再让借口阻碍自己。否则你会产生怨恨，对你的孩子，对你的伴侣，对你的工作——无论你以什么为借口放弃自己和你的使命。怨恨可不是什么好表情。

每当你发现你告诉自己做不到某件事时（比如找借口），选择反问自己"我怎么才能……"让这个问题为你带来崭新的，你之前没有想到过的选择。

时光飞逝，似乎一年比一年过得更快，我开始意识到根本没有时间找借口了。完全没有。有这么多事情要做。有这么多东西要体验。有这么多东西要读、要听、要看、要发现——无论是外在的还是内在的。没有时间可以浪费了。

所以不要再找借口了，开始行动吧。

上级指令

你看，我知道不是每个人都有同样的选择。我们的身份，生活环境，家庭背景以及社会和个人背景的不同决定了我们的选择架构与其他人的选择架构有很大的不同，面临的限制也许比别人更多。我并非对现实的残酷视而不见，一些人的选择比其他人更有限。

但你是否充分利用了你所拥有的选择？选择苹果而不是布朗尼蛋糕，选择站立式办公桌而不是坐式办公桌，选择一个能激发出你最好一面的伴侣，而不是选择在你准备安定下来时才陪伴你的人。在你的使命或生活中，没有借口或自怨自艾的失败主义的空间，所以要利用你现有的选择竭尽所能。尽你所能，这就是全部。

可能性的艺术

选择的伟大之处在于，我们拥有的选择往往比我们意识到的要更多，但我们需要运用"可能性的艺术"才能发现它们。

在生活的大部分时间里，我们被灌输的信息都是资源短缺、竞争、赢者通吃、零和游戏，我们在潜移默化之中认为如果别人已经采取了行动，那我们就没有必要再多费心了。但现实并非如此。只有拥有更加余闲的心态，我们才会发现别人的成功并不会预先决定我们的停滞不前，别人的美丽不会削弱我们的美丽，别人的财富不会让我们陷入贫困，别人的批评不会贬低我们的身份。

与其对自己说"所有的客户都走了""所有好的合作伙伴都已经被抢走了""所有我想要的职位都已经有人了"，"所有的艺术都已经被创造出来了"；不如问"去哪里可以为我的独特产品找到合适的客户""去哪里才能找到一个能把自己最好的一面激发出来的伴侣""怎样才能扩大自己的求职范围，找到最合适的工作""怎样才能创造出与众不同或独一无二的艺术"（你所做的每件事都是独一无二的，因为这世上没有第二个你）。

你有没有发现，前者是一组陈述性的、固定的陈述，让我们的思维专注于稀缺状况；而后者是一组开放性的、扩展性的问题，挑战我们的思想，让我们创造性地思考、充分思考，并且想象新的可能性。

天壤之别。

运用"可能性的艺术"要求你不要在资源稀缺或环境受限的情况下说某事或做某事，不要再告诉自己你无法做什么事，因为别人已经做了这件事，重新训练你的大脑，从"这是不可能的"转变为"我怎样才能使这变为可能"。你需要保持战术性忽视，专注于自己可以做的事情而非别人认为不可能的事情，即使"别人"是你自己想象出来的声音。

我以前说过，至少在理论上一切都是可能的——是的，即使对你来说也是如此——所以要寻找方法使理论变为现实。依靠你的行动团队，管理你的心理和社会环境，去实干家和创造者身边，不要去空谈家和消耗者的身边。

　　"可能性的艺术"要求你把所有工具都集中起来，并将它们付诸实践，这样你就不会再说"我不能做……"，而是问"我应该怎么做……"然后开始行动。

　　如果你必须筹到 1 万英镑（1 英镑 ≈ 1.28 美元）来支付所爱之人救命的手术，你不会说："哦，这不可能。"然后放弃他们。你会问自己："我怎样才能筹到 1 万英镑？"然后翻开每块石头、卵石和沙发垫，凑齐这些钱。如果你有理由不得不辞掉现在的工作，你不会说："我做不到。"你会问自己："我怎么才能换个工作呢？"然后打电话给你社交网里的每个人，想办法跳槽。这些例子都很极端，但往往极端情况可以照亮一个充满可能性的世界。

　　现在就问问自己上面两个问题，看看如果你给自己的大脑一个问题而不是一个既定的结论会发生什么。问题会让你不断地渴求答案，所以你的大脑会重新启动，开始思考或寻找答案，即使这个问题只是理论上的。如果你的大脑充满问题，它自然会寻找解决方案。

　　所以，如果下次你发现自己又在说"我永远不可能"或"那是不可能的"，就把这些陈述句转化为问句（"我怎么能……""什么是可行的……"）让大脑发现新的可能性，为你和你的使命采取行动。

上级指令

除了问自己一些开放性的问题，你还可以利用有针对性的泄密来督促自己去做那些你自认为"不可能"的事情。比如说你想创业，想学习驾驶飞机，想在百老汇表演，那就告诉别人你正在创业，学习驾驶飞机或想在百老汇表演。一旦把自己的目标公之于众，你就必须想办法实现它，否则就会有丢面子的风险（没有人希望丢面子）。从成为演讲者到创办自己的企业，再到写这本书，我的一切成就都是利用有针对性的泄密促成的。我告诉了其他人我要做什么，所以我必须实现它，所以我想出了办法。

这从来都不是一个线性的、简单的或完全有意识的过程，而且往往比我预期的（或希望的）时间要长。但我开始了，我使用了自己的谍报技术，动用了军火库中所有的工具，做了我鼓励你做的所有事，我做到了。而且（请原谅我的啰唆）如果我可以做到，你也可以做到。如何把不可能变成可能，这取决于你自己。我已经把自己所有的工具都传授给你了，现在就看你如何使用它们了。

祝你好运，我的朋友，请开始行动。人生苦短。看看对你来说什么是可能的，然后努力实现它。我将为你欢呼，期待着听到你在使命中大获成功的好消息。

关键情报

- 问问自己"分数扣在哪里"，还有你是否发挥出了自己的潜力。为自己设定更高的标准。

- 你要学会坚强，接受那些有资格提出批评的人的建设性批评，这样你才能目光长远、优化领导、敢想敢为。

- 不要把成为"唯一"的那个人视为负担（这可能产生极大的负担），而要把它当作一个产生积极影响的机会。

- 你可以找借口，也可以采取行动；为你现有的选择竭尽所能。

- 可能性的艺术就是要积极寻找实现目标的方法，没有固定的声明，只有开放式问题。

- 要相信一切皆有可能。

第三部分 事后回顾

早在刚开始这趟旅程的时候我就向你保证过，在旅程结束时，你会迫不及待地破茧成蝶，我几乎听到了你冲破茧时的"噼啪"声。现在你已经开始走出暗处，大放光彩，改写规则，利用战术性忽视策略来推动自己去往比想象中更远的地方。接纳目光长远、优化领导、敢想敢为的自己，你一直知道它就藏在你的心里。

但是不要停下来。成功和发挥潜力从来都不是你的固定财产，它们是租来的——套用一句名言——你需要每天支付租金。所以坚持下去吧。继续前进。每天都是如此。这并不容易，但是有价值的东西从来都不能轻易得到。

为了保持你的势头，我还有最后一点内容要与你分享，所以先别挂起你的斗篷和匕首。

总结：坚持行动

恭喜你！你现在是一个训练有素，能够完成任务的厉害角色了。但是不要掉以轻心，训练永远不会停止，你要时刻保持警惕。因为难免会出现这样的时刻，你会忘记自己好不容易学会的技巧，出于内疚做一些会让自己精疲力竭的事情，因为拒绝别人而感到不好意思，因为事情花了太长时间举手投降，调到"自我苛责电台"让"打碟者"扰乱你的大脑，陷入无效的生活和领导模式之中。

这种情况总会发生。我们所有人都是如此。但是，为了恢复或维持你从中情局特工到首席执行官的势头，你可以跟踪自己的数据，这样你就不会（正如我在中情局的一个前上司说过的那样）在使命完成后乐极生悲。

追踪你的数据

"为什么不是我预想的结果？"这是我在刚开始做第一笔生意时气急败坏的抱怨。那时我觉得自己即将参加一系列资格预审会议，花几小时与潜在的合作伙伴和供应商通电话，整天在人行道上寻找创业的契机。我付出了努力，相信自己所做的一切都是正确的，但是我没有一丁点满足感或成就感。这到底是怎么回事？进展在哪里？如果我做的和我认为的一样多，为什么我没有看到任何结果？我需要一种独立的方式来自我审视，于是我开始追踪自己的数据。

我在 Excel 电子表格上将自己的工作日分解为每 15 分钟一个时间段，把这些时间段放在 A 栏中。然后，在接下来的两周里，我会在 B 栏中填写自己在这些时间段内进行的活动。我还尽可能量化了自己的日常活动（电话数量、会议数量等），并在两周结束时回顾了自己每天和每周的实际情况。

我得到的结果让自己失望透顶。

第一个问题是，那时我在家里办公。每个有过居家办公经历的人都应该明白，居家办公很容易分心，打着做一些琐事的幌子浪费时间："脏衣服越攒越多了……我先洗衣服，然后就回到办公桌前""好饿，为什么不打开食谱看看呢""我可以喝茶休息一下，要不先清理一下水壶的水垢"，等等，不一而足。更不用说在这之前几乎没人认为居家办公的工作是工作。人们总是以为居家办公的人时间充裕，所以可以出去玩，可以花很长时间吃午餐，白天无所事事消磨时间，然而现实是我在工作，或者说是在试图工作，在众多邀请、打扰以及"真奇怪，在家里办公也算是工作吗"的令人恼火的表情的环绕中试图工作。

第二个问题是，我没有为自己设定每日或每周目标。每一天都是一张白纸，我坐在办公桌前寻找自己要完成的工作，而不是按照计划工作。我会打几个电话，做一些调研，对电子表格做一些调整，回复一些电子邮件，看到什么做什么。我只是在对事件做出反应，对它们没有掌控。

追踪自己的数据让我恍然大悟。虽然浪费了这么多时间（而不是为了实现目标而努力）让我很失望，但这也是一种巨大的宽慰，因为我突然发现自己的计划没有结果并不是因为我运气不好或者注定要失败，而是因为我工作不认真，没有制订计划。

所以我开始为每周制订计划，为每天设定目标，按照这些计划和目标工作。其他的事情还是要做的，但到了最后，我的主要时间都用在了能创造商业成果的活动上。

追踪自己的数据让我对时间的实际投入或浪费有了一个具体而客观的了解。我可以回顾每天、每周、每年的工作时长，看到在业务开发、市场营销、行政管理等方面投入的确切百分比和时长。我可以用这些数据来督促自己达成目标。

在改变工作方式后的几周里，我迎来了第一个突破。但只是因为我花了时间面对真实的自己，跟踪自己的数据，我才能够纠正方向，减少自己的压力和忧虑，因为我想知道为什么没有任何进展。我不再对时间的流逝感到绝望，现在我掌握了至关重要的真实客观的数据。

我们往往不善于自我评估，常常对自己有错误的认知。我们受制于近期偏差、可得性偏差、自我保护偏差。我们根据刚刚发生的事情和能回忆起的事情来判断自己的表现，为了自我安慰，我们会给自己编故事（"我一整天都在努力工作"）。

但是，客观地衡量我们每天在做什么及没做什么会帮助我们获得令人惊讶和有用的见解。我花了许多年养成了跟踪自己数据的习惯，它现在仍对我奏效。

在某些情况下，我在比赛中遥遥领先（几年前，我度过了非常糟糕的一周，我想看看我在哪里偏离了正轨。可是你知道吗？我根本没有偏离正轨。我在 5 月份就已经完成了全年计划的 50%）。而在其他情况下，我所做的远比自己想象中的要少（比如我意识到了尽管我告诉自己我很重视自己的健康，实际我每周只去一次健身房）。

这些数据改变了一切：在实践上、情感上和精力上。

倘若我们领先于计划，知道这一点不是很棒吗？我们可以松一口气，不要再为有多少事情要做而感到压力，甚至可以庆祝自己的成功，或者拍拍自己的背，表扬自己。倘若我们落后于计划，这些数据不也是在鼓舞士气吗？如果我们没有看到进展，那么让数据告诉我们这是因为我们没有在重要的事情上投入足够的时间，还是因为我们在"低价值"的事情上浪费了太多时间，这不是更好吗？知道问题出在过程上还是执行上，这不是更好吗？

数据给了我们答案。这些数据有助于我们找到解决方案。数据使我们更容易了解真相，而不是猜测真相。因为猜测无法帮助你实现使命。因此，当你偏离航道时——甚至当你稳定在航道上时——用了解和跟踪数据的力量来扫除疑惑和困惑。

事情会变得艰难。而且会让你喘不过来气。但是，跟踪自己的数据会帮助你建立一个预期基线，即你在某些事情"应该"投入多长时间。然后，当事情变得艰难，你觉得自己停滞不前时，你可以检查自己的数据，"哦！我的上一个产品发布用了三周零四个小时才开始，而我目前的发布只进行到第二周，我想我的生活并不是很糟糕，只需要再坚持几天，等这次发布步入正轨……"

这可能会让人觉得很奇怪或者"太科学"了，但是收集关于自己时间分配的数据可以支持你的使命，防止你在遇到困难时过早放弃。因为这就是很多人的做法——他们在离成功只有一点点距离之时放弃了，因为他们觉得在事情上花了太长时间——我不希望你成为这样的人。

我经常在与我合作的创始人身上看到类似的情况，他们拒绝招聘新员工或寻求管理支持，因为找一个合格的候选人要花很长时间。然后，他们在倦怠中挣扎，想知道为什么担任"首席万事通"行不通。

我经常在与我合作的企业领导者身上看到类似的情况，他们很抵触提升曝光度，因为这让他们感到"不舒服"，像是"自我推销"，他们在领英上分享的第一条动态没有立即获得10000次阅读量。因此，他们还没有真正开始分享内容便放弃了，而后又困惑为什么自己从来没有受到应有的关注，困惑为什么觉得自己陷入了职业困境中。

我经常在我指导的商学院学生身上看到类似的情况，他们试图转行或想要创业，但因为扩大规模要花太长时间而放弃了，而后他们又困惑为什么自己回到以前的职业后并不快乐，为什么感到泄气和无助。

对于这些人，我会谨慎而巧妙地提醒他们，所有事情都是先难后易。每件事一开始都会令人尴尬，可能有点恶心，有点可怕，让人难以承受。一切值得的东西都需要我们克服万难，一次又一次地投入时间和正确的努力。追踪你的数据可以确保你做到这一点。因为你会客观地看到自己只花了三小时而不是三天的时间浏览潜在老板的简历；你会客观地看到自己在社交媒体上只发过一次帖子（你以前立志要发几十个帖子），因为感觉走出暗处很费力；你会客观地看到大多数企业需要几年的时间来成长和赢利，所以你如果只是投入了几个周末的时间，这显然不够。数据在告诉你，现在还不是放弃的时候，你还有更多工作要做。

所以坚持下去吧。追踪你的数据，直面自己，在你的使命机会之窗关闭之前继续前进。因为我们都知道机会终会到来，只是永远想不到它会在什么时候到来。

上级指令：乘势而上

我们绕了一圈，现在又要谈到机会窗口，所以我要从宏大的哲学角度来做结语，这也是我们一起开始这趟旅程的原因：因为你知道还有很多东西等着你去探索，你的体内蕴藏着很多潜力，你希望引导体内的潜力，激发它，走出自己的路。你想要充分利用自己生命中仅有的这次机会，挖掘你埋藏在内心深处的巨大而深刻的潜力。你不想再浪费时间了，因为——如果你和我一样——你会发现，是的，有时你会觉得日子很漫长而艰辛，但实际上却是岁月苦短。

所以，我们的疯狂之旅到这里就要结束了，希望你能够走得更高更远。

几年前，我站在自己的衣柜前，为了去充满异国情调的特伦特河畔斯托克（Stoke-on-Trent）❶的商务旅行找衣服（是的，对我这样的外籍人士来说，斯托克也充满了异国情调）。我在眼角的余光中看到了一条丑得可怕的裙子，我忍不住大笑起来，而且笑得停不下来。

这是一条超宽的 A 字裙，有蓬松的白色袖子，前后都印有近乎真实大小的陌生人的脸，后面有两道大缝，可以放背带。而且它是由氯丁橡胶制成的。现在，在你想要因为这条有背带缝隙的裙子质疑我的理智或生活方式之前，我要赶紧解释一下，这是我在 2012 年伦敦奥运会开幕式上穿的裙子。

这条裙子的丑陋使得它更加可爱，因为在丑陋之中

---

❶ 英国陶瓷之都。——编者注

生出了美好：我与三位了不起的创意人员成了朋友，他们都是志愿者，我们现在仍然是亲密的朋友。我还有幸近距离参与了这个千载难逢的活动。

成为 2012 年伦敦奥运会开幕式和闭幕式的志愿者是我人生中最美好的一次冒险，我选择在那个夏天吃着难以下咽的盒饭做志愿者，而不是为我的职业生涯做出更加"明智"的选择——在一家顶级咨询公司实习（当时我还在读硕士）。

但我没有选择"明智"，我选择了冒险。

亲爱的读者们，每撕掉一张日历，我们的生命就少了一天，作为怀揣远大抱负和有意义的使命的成功人士，我们可能会如此沉迷于追逐成就、采取行动、执行使命，有时我们会忘记生活本身的乐趣。有时我们会忘记我们需要工作和娱乐（甚至有时工作已经像娱乐一样）。有时我们会忘记每天都有新的冒险，只要我们用心去发现。

我不是在提倡享乐主义，也不是鼓励你盲目地追求新奇或是把责任抛到脑后。我希望的是，我们至少要考虑在下一次冒险到来时点头说"好"。它也许是一次全新的商业投机，也许是写一首新歌，也许是去纳什维尔（Nashville）旅行，也许是去我们每天路过的博物馆里逛逛，也许是向某人坦白我们对他们的真实感受（无论好坏）。也许是和一个我们觉得很有趣的陌生人聊天。

冒险不是指蹦极和跳伞这样的极限运动，而是指我们每天都能发现蕴藏在生活中的种种新鲜和令人激动的事情，让我们兴奋不已。冒险之处（有时）在于选择快乐而非投资回报。冒险意味着在我们可能会说"不"的时候说"好"。对我来说，这也是一种能让我在身体上、情感和精神上有所提升的生活方式，让我产生真切的感受，品味活着的感觉，即使是在"低谷"时期。

我们在一起的时间过得太快了，同样，你在这个神奇星球上的时间也会过得很快，所以我给你留了最后一件要考虑的事情。当你全身心投入这个周末、下周、下个月和明年的时候，你会对什么样的冒险说"好"？你会答应什么样的冒险？看看琳琅满目的冒险陈列室，你会投身于什么样的冒险之中？

我很乐意倾听你的答案。

结语

从我们相处的这段时间你可以看出，我喜欢分析，我热爱知识，我是一个终身学习者，我尝试去理解，剖析，回归第一性原理。我认识到，我是很多很多"全源情报"流的产物。

有些人在我的身上留下了印记，有些人在我的 DNA 上留下了印记，有些人在其他人身上留下印记并造就了今天的我，有些人在我所归属的群体身上留下了印记。我的血统和其他人一样，关乎成千上万个不可知的人和成千上万次不可知的互动。我们都来自一条完整的创造、进化和生存链，这个链条数十亿年未曾间断。是的，数十亿年。

这就是我为什么要把这本书献给"我的一万雄兵"。这一万个人是我未曾谋面的祖先，他们在生活中一路奋斗，他们是狩猎采集者，是早期人类，他们不断前进、生活、战斗，直到有一天，在他们无法预知的未来，出现了我。

因为他们，我降生于这个世界。因为他们，我成了现在的我。因为他们做出的所有大大小小的选择以及他们躲过的所有意外（逃离这个捕食者，绕过那丛有毒的浆果，被那个好心的陌生人救下），我才出现在这里。因此，我要在此感谢所有赐予我生命的人，感谢所有造就了我的人。

借用美国作家玛雅·安吉罗（Maya Angelou）的一句诗：我只身前行，却仿佛带领着一万雄兵。